城市隧道

CHENGSHI SUIDAO GUANLI YU YANGHU SHOUCE

管理与养护手册

重庆市城市建设投资（集团）有限公司
重庆市城投路桥管理有限公司 编著

重庆大学出版社

图书在版编目(CIP)数据

城市隧道管理与养护手册/重庆市城市建设投资(集团)有限公司,重庆市城投路桥管理有限公司编著. ——重庆:重庆大学出版社,2021.4
ISBN 978-7-5689-2613-3

Ⅰ.①城… Ⅱ.①重… ②重… Ⅲ.①城市隧道—隧道维护—手册 Ⅳ.①U459.9-62

中国版本图书馆 CIP 数据核字(2021)第 050158 号

城市隧道管理与养护手册

CHENGSHI SUIDAO GUANLI YU YANGHU SHOUCE

重庆市城市建设投资(集团)有限公司
重庆市城投路桥管理有限公司   编著

责任编辑 肖乾泉
封面设计 张 晗
责任校对 邹 忌
责任印制 赵 晟
出　　版 重庆大学出版社出版发行
　　　　　 出版人:饶帮华
　　　　　 社址:重庆市沙坪坝区大学城西路 21 号
　　　　　 邮编:401331
　　　　　 电话:(023) 88617190　88617185(中小学)
　　　　　 传真:(023) 88617186　88617166
　　　　　 网址:http://www.cqup.com.cn
　　　　　 邮箱:fxk@ cqup.com.cn(营销中心)
发　　行 全国新华书店经销
印　　刷 重庆华林天美印务有限公司
开　　本 787mm×1092mm　1/16
印　　张 9.75
字　　数 162 千
版　　次 2021 年 4 月第 1 版
印　　次 2021 年 4 月第 1 次印刷
书　　号 ISBN 978-7-5689-2613-3
定　　价 39.00 元

序

横看江河湖海澎湃，复观崇山峻岭奇险。庞大的水系、连绵的山峰，造就了祖国壮丽而又气势磅礴的山河，也留下了众多峻险百态的天堑，有"唯天有设险"的惊奇，也有"蜀道难于上青天"的咏叹！几千年来，英勇无畏的中华儿女从未停止过跨沟壑、越天堑的探索，用勤劳的双手创造了无数堪称奇迹的隧道工程。越过几千年岁月到如今，我国隧道总里程稳居世界第一，已有超过 35 000 座、总长约 37 000km 的隧道正在神州大地日夜通行，客货洪流南来北往、东西穿梭。它们或斜挂峭壁，或俯卧山脚，或盘旋海底，或横穿峻岭，构建起了极为便捷的超级通道网。随着隧道数量的迅速增长和建造水平的不断提高，隧道管养工作日益繁重。如何管理、养护好它们，是全世界工程行业需攻克的一项共同课题。

习近平总书记指出："重庆要加快建设内陆开放高地，成为山清水秀美丽之地，推动高质量发展、创造高品质生活。"改革开放四十多年来，重庆城市建设最突飞猛进的成就之一就是城市隧道建设与养护，诸如嘉华隧道、双碑隧道及龙洲湾隧道等超宽、特长隧道横空出世，打破了崇山之隔的瓶颈。如何建好"山水之城，美丽之地"？我们当以城市隧道管养为契机，以建设"成渝经济圈"为抓手，以"两点两地"定位为依托，学习贯彻党的十九届五中全会精神，着眼于"十四五"规划和二〇三五年远景目标，促进隧道管养技术水平的提高和革新，推动城市基础设施管养进步，共同创造高质量发展、高品质生活的美好未来。

2020 年，重庆市对市内 208 座城市隧道进行了品质提升整治，隧道的容貌品质及结构安全均得到了显著改善。作为城市基础设施运营维护者，本着"承隧道管理维护之过往经验，启隧道管养技术之未来应用"的目的，我们全面总结以往的管理与养护经验，精心组织编写了此书，旨在建立完善城市隧道管理养护体系，为隧道管养工作提供借鉴，为国家城市隧道基础设施的管理养护技术政策提供参考，共同完善、提升基础设施管养技术水平，为隧道的管养工作现代化、规范化贡献一份力量。

李明

2021 年 3 月

前　言

城市隧道能否在设计使用寿命期内安全使用,直接关系到城市交通的长期安全、畅通。隧道在运营期间的技术与安全状态与诸多因素有关,其中,管理和养护工作质量至关重要,尤其是设计或施工本身存在一定缺陷的隧道更需要精心呵护。城市隧道管理和养护虽然已有规范、标准可以遵循,但因其存在诸多不足,其有效性仍显不够。为了使城市隧道能够有效管养,确保城市隧道的安全、完好状态,在《公路隧道养护技术规范》(JTG H12—2015)要求的基础上,结合重庆市城投路桥管理有限公司从事双碑隧道、南城隧道、石黄隧道、渝中隧道的管理经验积累,编制本《城市隧道管理与养护手册》。

本手册编制思路:

以《公路隧道养护技术规范》(JTG H12—2015)为基础,结合城市隧道管养实践经验总结,细化完善形成手册。对管养单位技术、管理人员由公司自行承担的工作,做到工作内容清楚(有哪些工作要做)、工作思路清晰(工作开展的程序)、管理有章可循、技术有案可鉴、问题有径可诉、结果有据可查,使管养单位做到管养内容明了、验收内容清楚、验收方法明确、结果处理要求具体。

本手册重点章节及内容要点:

(1)检测评估,解决按期检测(查)、识别病害、分析病因、结果报告的问题。内容要点包括所管隧道养护类别及养护等级,隧道日常巡查、结构检查、机电设备检修、技术状况评估的周期和计划;各种检查、检测的具体内容;经常性检查的部位、内容、方法、病害识别、病因判断、结果报告;定期检测和特殊检测(建议外委专业机构检测)的内容、验收和结果报告。

(2)日常养护,主要是检测(查)发现的病害,一是已经明判病因,二是处治方案简单、明确。已有成熟处治方案的,可直接参考本手册维修工艺实施病害处治。

（3）结构维护，主要是检测（查）发现的病害，需请设计单位进行病害处治方案设计，然后根据设计方案实施病害处治。涉及本手册中相同处治工艺的，可参考执行。

（4）养护管理，只写通用型管理规定，要求各管养单位制定适合自身的个性化管理制度并按此执行。

（5）常见隧道病害处治施工工艺。

本手册各章节主要编制分工如下：

第1章概述由李政、彭俊超编制；

第2章城市隧道管养机构由李政、张卢喻、黄俊松编制；

第3章城市隧道技术管理由李政、黄建华编制；

第4章城市隧道安全管理由李政、罗本宗、冉丽娜编制；

第5章城市隧道养护工程管理由李政、颜申编制；

第6章城市隧道运营安全应急管理由李政、张卢喻、钱德华编制；

第7章城市隧道病害养护维修常见工艺由李政、刘天航、黄俊松编制。

本手册在现行标准基础上，将技术、管理要求和落地路径进一步明确，能够更好地指导城市隧道管理与养护工作开展，确保城市隧道安全营运。

目　录

1 概　述

1.1　城市隧道管理与养护的目的和意义

隧道种类主要从其功能性进行划分,主要分为交通隧道、水工隧道、管网隧道、矿山隧道。其中,交通隧道主要分为公路隧道及铁路隧道,公路隧道主要用于机动车通行,铁路隧道主要用于轨道类交通工具通行。公路隧道按长度划分为短隧道($L \leqslant 500$ m)、中长隧道(500 m $< L \leqslant 1\ 000$ m)、长隧道($1\ 000$ m $< L \leqslant 3\ 000$ m)、特长隧道($L > 3\ 000$ m)。水工隧道主要用于灌溉、发电、供水、泄水、输水、施工导流。管网隧道主要用于敷设各种地下管线。矿山隧道主要用于矿洞运输工具通行。

在中国当下经济飞速发展的阶段,人民生活水平日益提高,交通便利需求不断增强,机动车作为人民日常出行的首选交通工具,在交通工具数量中占有极高比例。为了优化交通格局,解决隔山绕路问题,同时尽可能地利用地层空间,公路隧道建设规模及体量也越来越大。由于城市作为人群密集地,对交通便利的需求更为强烈,故城市隧道建设数量在隧道建设中占有较高比例。城市隧道作为城市路网的重要组成部分,已被越来越多的城市管理者重视。作为埋置于地层的建筑物,其穿越的地层情况通常比较复杂,在隧道运营期间易因地质条件变化出现渗漏水、初期支护脱空、二次衬砌变形开裂等病害。在运营过程中,隧道作为半封闭空间,在发生突发安全事故时,其交通安全设施及消防设施是否完备成为应急处突是否成功的关键因素,所以必须开展管理与养护,不断维持和恢复隧道的健康状态,从而确保隧道的安全运营。

城市隧道管理与养护的目的和意义在于通过专门的管理与养护机构专业开

展管理与养护工作,确保结构和附属设施、交通安全设施、消防设施等完好,维持正常使用功能,保障隧道安全畅通运营,维持隧道景观,对促进社会经济、生活发展具有重要枢纽作用。

1.2 城市隧道管理与养护的基本要求

城市隧道管理工作主要体现在安全管理、运营管理、环境管理和养护工程管理等方面;城市隧道养护工作主要体现在巡查、检查、技术状况评估和养护维修方面。城市隧道养护工作是实现有效管理的基础。

1.2.1 城市隧道管理的基本要求

有效开展城市隧道管理工作,应以规范为抓手,结合隧道结构特点及规模,在组织机构、人员配备、制度建设、工作监管等多个方面建立体制,这也是对城市隧道管理的基本要求。

①通过对城市隧道管理与养护相关现行有效法规、政策、规范、制度等的了解、学习,建立和强化隧道管理与养护意识,进而自觉主动地按照规范开展城市隧道管理与养护工作,并持续改进、创新。

②根据城市隧道管理与养护的需要设置有效的管理机构,明确必要岗位和岗位职责,确保全部城市隧道管理与养护工作有人去干、有人负责。按照主要工作内容,需要设置与资产管理、安全管理、运营管理、环境管理和养护工程管理等职能相关的部门。

③各岗位选配满足要求的技术、管理人才,确保能够胜任岗位工作。根据城市隧道管理与养护的特点,一般需要配置资产、工程、机电、安全、合同等相关专业的管理和技术人员,且人员素质足够胜任本岗位工作。根据国内城市隧道管理与养护人才资源现状,结合企业人才流动态势,对企业团队建设要采取人才引进和人才培养相结合的策略,因此,加强企业人才培养至关重要。

④完善隧道内检修通道,确保检查人员能够安全到达。对于无法近距离检查的部位,要配置观察设备。

⑤在满足现行规范和公司管理要求的基础上,建立与城市隧道管理与养护工作相适应的管理制度和标准化工作流程,确保城市隧道管理与养护工作有序

有效开展。

⑥建立监督城市隧道管理与养护工作开展情况的评价机制,确保各项工作认真落实到位。

1.2.2　城市隧道养护的基本要求

城市隧道养护工作始于接管,在养护过程中应做好养护技术、安全保障工作。

①城市隧道接收养护时,不论是新建隧道还是运营隧道,都必须做好移交工作。

对于新建隧道,工程质量应符合现行国家、行业和地方标准的相关规定,外观应完好,竣工文件应齐全,且应进行功能性检测后,方可接管。

对于运营隧道,外观应完好(已进行缺陷维修和病害整治),竣工文件和养护档案应齐全,且应进行功能性检测后,方可接管。

②城市隧道的养护应包括城市隧道及其附属设施的检测评估、养护工程、安全防护及建立档案资料。

③城市隧道应按照相关规范和标准要求,及时组织检查评估,并形成报告归档。进行定期检查、特殊检测、专项检测时,应结合既有检查和养护信息,对隧道完好状态和结构状况进行综合评定,确定养护对策。

④城市隧道养护方案应根据检查评估资料由具有相应资质的单位进行设计,重要结构维修加固方案宜经过专家评审后方可实施。

⑤城市隧道养护工程的开展质量直接关系着隧道运营安全性及舒适度,养护工程质量必须得到保障。

城市隧道养护工程施工质量应符合现行行业标准和地方标准的规定。城市隧道养护工程应采取有效措施,满足国家对环境保护和资源节约的要求。城市隧道养护作业安全防护应按国家现行安全生产标准执行。

⑥隧道洞口顶部种植绿化或在隧道旁新建建筑工程,必须通过重庆市建设委员会及重庆市规划和自然资源局审批后,由专业设计单位出具设计方案,由具备资质的单位对设计方案进行安全影响评估,经由专家组及隧道原设计单位审核后,才能正式实施作业。在施工过程中,管养单位技术人员应对施工现场进行

监管,确保施工方式及施工措施严格按照审核通过后的方案执行。

⑦城市隧道养护应制订突发事件及防治自然灾害应急预案,组织建立应急队伍,配备应急物资,并应定期演练。

⑧城市隧道养护应建立养护档案,且应符合下列规定:

a. 城市隧道养护档案应以每座隧道为单位建档;

b. 养护档案应包括技术资料、施工竣工资料、养护文件,以及巡查、检测等技术文件及相关资料;

c. 养护档案管理工作应逐步实现信息化,实现城市隧道养护数据的动态更新和管理。

1.3 城市隧道管理与养护的目标

总体来讲,城市隧道管理与养护的目标是确保隧道在运营期安全、畅通,可以通过以下 7 个方面实现:

①维持隧道设计的完好状态和结构状况,确保承载能力和使用功能。

②维持与隧道安全相关的附属、辅助设施的功能,确保正常使用。

③维持与隧道安全相关的非设施措施的正常运转,确保隧道处于安全管理的受控状态。

④维持隧道内交通安全设施的完好和正常运转,确保行车处于受控状态。

⑤维持隧道内的供配电设施、照明设施、消防设施的正常运转,确保突发事件得到有效解决,防止市民生命财产安全受到影响。

⑥改善或维持与隧道景观相关的设施、设备等,确保处于正常状态。

⑦与时俱进,用现代化的科技手段不断推进隧道智能管理、智能检测、智能交通,实现实时掌握隧道技术状况、安全状况、环境状况和交通状况,并针对存在的问题实时采取相应有效措施的目标。

1.4 隧道结构构造

公路隧道结构由主体结构和附属结构两部分组成。主体结构是为了保持围岩体的稳定和行车安全而修建的人工永久性建筑物,通常指洞身衬砌和洞门构造物。附属结构物是主体结构以外的其他建筑物,是为了运营管理、维护养护、给水排水、供蓄发电、通风、照明、通信、安全等而修建的构造物。

（1）洞门

端墙式洞门适用于岩质较好的稳定围岩，以及地形开阔的地区，是最常用的洞门形式，如图 1.1 所示。

端墙位于入口和出口的两侧，起挡土和导流作用，是保证涵洞处路基或路堤稳定的构筑物。

图 1.1 端墙式洞门

（2）隧道结构

隧道结构如图 1.2 所示。

①锚杆。锚杆是用专门机械施工加固围岩的一种支护措施，种类很多，通常可分为机械型锚杆和黏结型锚杆，或分为非预应力锚杆和预应力锚杆。

②喷灌混凝土。采用混凝土喷射机，将掺有速凝剂的混凝土干拌混合料和水高速喷射到清洗干净的围岩表面并充填围岩裂隙而凝结成混凝土保护层，能很快起到支护围岩的作用。

③防水层。防水层具有防水能力，防止地下水渗入洞内。

④二次衬砌。二次衬砌是隧道工程施工在初期支护内侧施做的模筑混凝土或钢筋混凝土衬砌，与初期支护共同组成复合式衬砌。二次衬砌应采用刚度较大、整体性好和外观平顺的模筑混凝土衬砌，衬砌截面宜采用连接圆顺、等厚的衬砌截面。

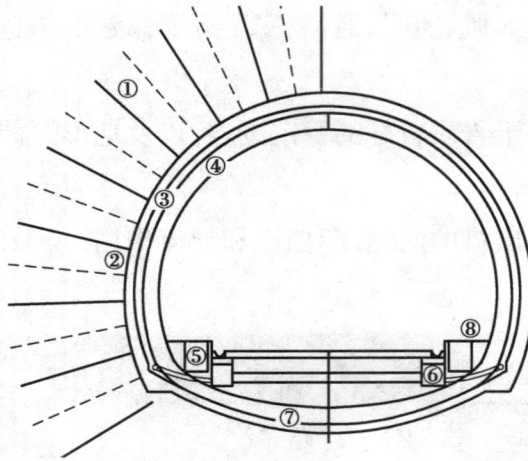

图 1.2　隧道结构示意图

①—锚杆;②—喷灌混凝土;③—防水层;④—二次衬砌;

⑤—电缆槽;⑥—排水系统;⑦—仰拱;⑧—检修道或人行道

⑤电缆槽。电缆槽是用以敷设和更换电力或电信电缆设施的地下管道,也是被敷设电缆设施的结构,有矩形、圆形、拱形等管道结构形式,一般布置在检修道下。

⑥排水系统。排水系统是指排水的收集、输送、水的处理和排放等设施以一定方式组合成的总体。排水系统包括环向排水管、纵向排水盲管、横向排水管、中央排水沟等。

⑦仰拱。仰拱是指为改善支护结构整体受力条件而设置在隧道底部的反向拱形结构。

⑧检修道或人行道。设置检修道或人行道时,检修道或人行道宜包含余宽;检修道或人行道的高度应该能保证检修人员或行人步行时的安全,满足其下放置电缆等的空间尺寸。

2 城市隧道管养机构

隧道管养应设置一个统一运营的管养机构来负责。管理隧道数量较多的，可以在隧道所在地仅设置少量管理人员和安保人员，其余管理人员设置在便于管理的位置，起统筹管理的作用。管养机构下设行政管理部门、工程管理部门、安保管理部门、商务管理部门及隧道管理处。隧道管理处一般设置在离隧道较近且交通便利的地方，便于日常检查和隧道出现突发情况时及时响应。通常应设置办公用房、功能配套（设备、配电、监控、环卫）用房、生活配套用房。

2.1 管养部门的设置及分工

城市隧道应设置必要与管理机构负责隧道管养，宜应有以下管理架构：

①行政管理，包括行政、人力资源、党建等。

②工程管理，包括检查、技术、维护等。

③安保管理，包括安全保卫、安全巡查、环卫保洁等。

④商务管理，包括财务、采购、经营等。

2.2 部门职责

（1）行政管理部门主要职责

①负责修订完善、汇总公司的行政管理制度，并在报请领导批准通过后将制度下达贯彻落实到每个部门，确保公司运转按制度执行。

②负责行政事务文件的收发管理，以及对公司所有办公设备的管理使用。

③负责组织公司领导或部门负责人对行政管理制度落实情况进行检查，对违规事项按规定做出处理措施。

④负责行政会议的通知、召集，对公司会议室、培训室、接待室等统一安排、

调配使用,协助做好公司有关会议的准备工作。

⑤负责公司报刊的管理、征订及分发工作。

⑥负责公司文件、证照、资质等资料的存档及管理工作。

⑦负责做好本部来访领导及客人的接待工作,协助外联部门做好各类接待活动。

⑧负责与分公司对口部门的联络与对接,落实上级关于行政工作的要求与指示。

⑨负责人员招聘、培训、入职手续办理、人事档案、劳动合同等。

⑩负责公司党建、群团、纪检等工作。

(2)工程管理部门职责

①贯彻执行国家有关法律、法规及各项技术规范、规程,建立健全隧道设施维护管理工作职责,严格按管理制度的要求组织开展设施维护工作。

②负责组织工程技术人员学习新材料、新工艺、新技术,开展行业间的技术交流和培训,提升养护管理技能。

③制订设施运营安全预案,确保管辖范围内安全运营,建立隧道运营工程档案,掌握隧道技术状况。

④按规范规定,组织维护工程技术人员定期或提高频率对隧道进行检查、检测,并做好原始记录。

⑤组织协调相关单位按规范的要求开展定期检查、应急检查、专项检查和安全评估等工作,确保隧道养护工作符合国家及行业的技术标准。

⑥制订隧道中长期养护计划,负责年度维护计划的立项审查,配合完成维护计划的编制。

⑦负责维护项目实施过程的管理,负责维护项目实施前的技术方案的编制与审核,负责维护范围及工程量的审核,掌控维护工程项目实施过程中进度、质量和安全,确保维护项目按期完成。

⑧负责相关单位来函、信件、投诉等日常事务的处置。

(3)安保管理部门职责

①负责隧道治安保卫工作,防止各种盗窃、破坏及火灾等事件的发生,消除影响安全运营的外在因素。

②贯彻落实国家治安保卫及消防安全有关法律法规,组织制订有关规章制度及岗位职责,建立健全治安保卫责任制,确保治安保卫责任层层分解,落实到岗位和人员。

③加强员工思想教育,及时掌握有关时事和政策,了解当前社会形势和主要矛盾,同时开展安保、消防等各种业务培训,提高员工的政治觉悟、安保意识和防范技能。

④督促、检查安保及消防管理工作,经常组织开展安全隐患排查,及时掌握员工思想动态和不安定因素,落实隐患整改措施,及时消除安全隐患。

⑤负责公司应急预案的管理,组织或督导公司各级应急预案的演练,适时牵头修订公司各级应急预案,查验应急预案储备物资,完善应急预案审批程序。

⑥加强与公安、消防、市政等政府职能部门的联系和沟通,协调公司对外事务或纠纷,处理有关突发事件,及时消除影响隧道营运的不安定因素。

(4)商务管理部门职责

①贯彻执行党的方针、政策,遵守国家有关法律、法规,组织开展多种经营工作,确保资产的保值增值。

②采购及经营包括维护所需的合同管理及采购、隧道资产的经营(如设置网络运营商信号站、借用隧道既有管道、埋设自来水管及非隧道使用电缆等)。

③编制和报批项目招投标文件,组织招投标工作;对不需招投标的项目,负责办理相关手续以备审核查阅。

④参与维护计划的分解,落实方案的制订,参与项目实施中工程量变更、价格调整等有关问题的研究。

⑤负责工程造价、外购物资价格的审核,需要时应完善相关审批程序。牵头进行合同谈判,负责合同文本的制订和审核,监督合同执行情况,负责做好合同档案管理。

⑥财务管理包括对固定资产的保值增值,建立健全公司财务会计制度,严格按照财务制度处理日常工作,并做好财务档案的归档及管理使用。

(5)隧道管理处职责

贯彻执行养护、安全生产、治安消防等有关法律法规和公司有关规章制度,全面负责隧道的设施设备维护、安全保卫、经营管理、综合管理、党工群团工作及其他业务管理工作,确保设施设备在健康、安全、整洁的状态下运行。

①负责年度隧道养护计划的编报及组织实施。

②负责设施设备检查、检测、安全排查等各类检查,及时发现设施缺陷及安全隐患并采取相应的整改措施。

③负责维护项目技术方案编制、施工相关手续的协助办理等维护项目前期准备工作,并做好工程施工中的工程进度、工程质量、工程安全监督。

④负责环卫、运输车辆监管等各类市政监察、管理等工作。

⑤负责各类突发事件的处置与协调处理工作。

⑥负责依法、依规地做经营活动、合同管理、经营资源监管等经营管理工作。

⑦负责员工业务技能学习培训、员工考核考评、员工考勤管理等人力资源管理工作。

⑧负责现金、财务台账报表等财务管理工作。

⑨负责车辆使用、检查、维护、维修及驾驶员管理等车辆管理工作。

⑩负责收发文管理、文件起草、档案管理、资产管理、台账报表等行政管理工作。

⑪负责办公楼管理、食堂管理、员工宿舍管理等后勤管理工作。

(6)隧道管理处维护科职责

①按现行养护技术规范和管理规定,负责对管辖范围内的设施进行日常巡查、结构检查、安全隐患排查等各类检查工作,按照要求及时填报检查表。

②负责隧道设施技术等级评定并拟订下一年度隧道维护计划,提出相应项目的技术要求(或方案)、措施。

③负责供配电、隧道数字化中心、交通监控设备、交通诱导屏、技防设备、会议及办公系统等常见故障的检修和日常保养、升级、改造等工作。

④负责办理管理范围内占道、设施占用等工程项目的方案(由施工方办理的手续除外)及协调施工中的有关事宜,按程序完善会签、备案及安全协议的拟订工作。

⑤负责日常维护、大修工程项目及应急工程项目施工方案的初审和组织实施,并对实施中的质量和安全责任以及工程数量进行监督管理。

⑥负责维护项目完成情况统计、病害及整治情况登记,建立设施台账。

（7）隧道管理处综合科职责

①负责设施设备的安全防范工作，做好安全管理体系的建立和完善，以及安全保卫和消防工作的措施制订、隧道重点部位的守护，防止火灾、爆炸、破坏事故的发生。

②贯彻落实国家有关方针政策、上级有关精神、公司各项管理制度的督导及管理处工作落实情况的督查督办。按照公司要求及突发事件应急预案，做好突发事件处置工作。

③负责市政管理有关工作，做好环卫、绿化、车损索赔工作的统计、报表和总结等工作。

④负责本管理处经营管理有关工作，做好资产盈利的审批、监督、检查工作。

⑤负责人力资源管理有关工作，根据国家政策规定及公司要求，做好劳动用工管理、考勤和绩效考核、员工培训教育及相关档案完善、技术人员职称申报与评审、员工社会保险办理等工作。

⑥负责费用管理有关工作，做好资金计划和合理安排使用管理、成本费用的预算、计划、编报、统计及日常费用的申领报销工作。

⑦负责资产管理工作，做好隧道设备设施资产、办公设施资产、低值易耗品资产等各类资产的管理。负责办公车辆管理有关工作，做好车辆的使用、检查、维护、维修、登记及驾驶员管理等工作。

⑧负责档案管理有关工作，做好各类文件档案、影音资料档案、人事档案、党工群团档案等各类档案的管理。

⑨负责办公楼管理工作，做好员工宿舍、食堂、中控室、办公楼保洁绿化督查检查等工作。

⑩负责日常办公文秘工作，做好文件起草、会议会务管理、信息资料的收集、整理及报送、沟通协调等工作。

2.3　工程师及巡检人员职责

（1）工程师职责

①负责公司隧道设施的完好及安全检查督促工作。

②负责隧道设施结构检查指导工作和专项检查的现场管理工作。

③负责隧道设施健康检查资料的审核工作。

④负责隧道大修工程和改善工程的管理工作。

⑤负责编制大修计划和复核大修工程量工作。

⑥督促隧道设施的日常维护和中修等工作。

⑦督查维护项目现场施工质量及进度,工程原材料报验、抽检及施工过程中相关重要或关键工序的质量报验工作。

（2）巡检人员职责

①严格遵守管养单位制订的各项规章制度,着装整齐,精神饱满,举止文明。

②禁止闲杂人员进入重点要害管理责任区域,对前往办事和联系工作人员应进行询问、登记,并指示出入路线。

③负责对道路的巡查,发现有妨碍交通安全的异物应及时清除,保证道路畅通、安全。负责设施、设备的安全,并做好防火、防盗、防破坏的防范工作,消除一切安全隐患,确保安全。

④对重点要害部位实行定点与巡逻相结合的原则进行守护,对重要部位的入口进行检查和管理。

⑤对在隧道乱停放、洒漏、飞扬等车辆进行拦截,并通知市政执法人员进行处理。

⑥负责对任何妨碍隧道安全运行的行为（如施工放炮、大体量开挖等）进行监视。

⑦负责范围内的安全巡查,对可疑人员应及时盘查,严禁任何人员在隧道重要部位及出入口逗留。

⑧爱护执勤用具和执勤设施,牢记各种报警电话。

3 城市隧道技术管理

3.1 日常巡查

3.1.1 日常巡查的目的

日常巡查的目的是及时掌握和收集隧道的路况信息、及时发现隧道设施损坏情况,尽早了解和消除安全隐患,确保过往车辆、行人的安全通行及其隧道设施安全运营,确保道路畅通,便于市民的安全出行。

3.1.2 日常巡查的方式

①步行巡查:可以借助强光手电、卷尺、照相机、望远镜等工具进行巡查。采用这种方式进行巡察能实现横向到边、纵向到点的检查,针对检查出的问题能够及时记录、拍照留痕。该检查方式最为灵活,但耗时较长。

②工程车辆巡查:借助带有摄像功能的巡逻车巡查速度快,但巡查能否发现问题受车速影响较大,且因车辆自身阻挡视线极易造成巡查死角问题不易被及时发现。

③借助手持式设备进行巡查:采用手持式设备进行巡查,能及时对检查过程中发现的问题进行记录、拍照和留痕,解决巡查人员因不能及时记录而忘记记录的问题,也便于隧道管养单位责任领导及时掌握隧道设施运营情况,同时因该设备留有的巡查轨迹能在很大程度上督促检查人员去巡查,避免巡查流于形式的巡查发生。

3.1.3 日常巡查的要求

①加强对巡查人员的培训,使其掌握巡查的内容和方法,具备一定的隧道养

护管理业务知识和技术技能及处理突发事件的能力。

②巡查人员应本着全面、细致、负责的工作态度进行巡查,对侵占、损坏通道、隧道设施的人和事,坚持原则、大胆管理、及时上报。

③巡查人员应定人、定路段、定内容、定时间。巡查频率为每天不少于一次,在汛期、台风及冰冻等恶劣天气和重大活动期间,适当加大巡查频率和巡查时间。

④巡查人员在进行巡查工作时,必须着安全标志服,携带米尺、相机、巡查记录等用品。

⑤巡查以车行目测为主时,巡查车速一般控制在 20 km/h,按规定开启示警灯。遇到需要停车检查的情况时,应采取必要的安全措施,巡查人员在巡查车的前方迅速完成检查或测量作业。

⑥严格落实巡查签名实名制。巡查过程中,应详细记录病害发生的具体位置,准确描述发现的问题;巡查结束后,及时做好交接工作,并认真填写隧道日常巡查记录表。

⑦巡查中发现的路面坑槽、拥包、人行道、检修道损坏等病害,应按修复时限要求完成。

⑧严禁酒后巡查,对擅离职守、不负责任、记录不详或伪造记录者,按违反劳动纪律处分。

⑨每日巡查完毕应及时认真填写日巡查记录表,由隧道管理部门指派专人负责隧道日巡查记录表审核、整理归档工作(表格详见附录4、附录5)。

3.1.4 日常巡查的内容

日常巡查范围包括路面、排水设施、主体结构、电气设备、消防设施、交安设施、附属设施等,各类设施组成如表 3.1 所示。

表 3.1 设施组成

设施类型	设施名称
路面	路面铺装层
	道路标线
	路缘石

设施类型	设施名称
排水设施	排水沟
	排水沟盖板
	排水盲管检修室
	水泵房
主体结构	衬砌
	洞门构造物
	洞口边坡
电气设备	照明灯具
	监控摄像头
	配电箱
	箱式变电站
	供电电缆
	PLC 控制柜
消防设施	消防管道闸阀室
	消防沙池
	风机
	消火栓
	灭火器及灭火器箱
	消防管道
	疏散标志
	隧道防火门
	消防报警器
交安设施	轮廓标
	突起路标(反光道钉)
	交通标志
	应急广播

续表

设施类型	设施名称
交安设施	车道指示器
	LED 情报板
附属设施	检修通道
	衬砌装饰板
	里程桩号标识牌
	人行、车行横通道

（1）路面巡查主要内容

①路面铺装层检查主要采用工程车辆巡查方式，检查是否存在坑洞、拥包、开裂、推移、障碍物、脏污等。

②道路标线检查主要采用工程车辆巡查方式，检查是否存在模糊、缺损、脏污等。

③路缘石主要采用工程车辆巡查方式，检查是否存在破损、缺失、表面涂装局部脱落、起皮、脏污等。

（2）排水设施巡查主要内容

①采用工程车辆巡查的方式先对全线排水沟是否出现积水至路面情况进行全面检查，然后随机选择一段排水沟，用撬棍打开排水沟盖板，观察排水沟内是否存在堵塞、杂物淤积情况，检查范围应避免重复。

②排水沟盖板主要采用工程车辆巡查，检查是否存在破损、缺失、失稳、移位等。

③排水盲管检修室采用人工检查方式，宜每日选取总量的 15% 进行检查，观察检修室内是否有淤积物，盲管入水口及出水口是否堵塞、流水量是否发生异常变化。

④部分城市隧道为下穿道，其线形特点为隧道中段高程低于入洞口及出洞口高程。在隧道下方如无市政排水管网，则需要采用水泵将积水抽至上方集排管网中。水泵房采用人工检查方式，检查房内是否开裂、渗水、潮湿，通风设备运转是否正常，水泵控制箱箱体是否锈蚀、箱门开闭是否正常、箱内是否积水、箱体

是否倾斜、标志是否完整,水泵功能是否正常,浮球阀上下滑动是否顺畅,排水管道是否堵塞,沉水池内是否存在 10 cm 及以上的淤积物等。

(3)主体结构巡查主要内容

①衬砌主要采用工程车辆巡查,辅以人工检查的方式,检查是否存在防火涂层脱落、防火涂层松动、渗水、滴水、涌水、开裂、破损、漏筋等。

②洞门构造物采用人工检查,检查是否破损、漏筋、开裂、涂装脱落、起皮等。

③洞口边坡采用人工检查,检查是否开裂、失稳、土体滑落,坡顶截水沟是否堵塞、破损;针对框架结构护坡,还应观察结构混凝土是否开裂、漏筋,线形是否异常变化。相关表格见附录4。

(4)电气设备巡查主要内容

①照明灯具主要采用工程车辆巡查方式,检查是否存在功能失效、入射角偏位、灯具缺失、灯具松动、供电电缆打火等。

②监控摄像头的检查需在监控中心实现,检查摄像头是否存在转动失效、画面不清晰、画面卡顿、画面中断等。

③配电箱主要采用人工检查方式,检查箱体是否锈蚀、箱门开闭是否正常、箱内是否集水、箱体是否倾斜、标识是否完整等。

④箱式变电站主要采用人工检查方式,检查变电站周围隔离设施是否缺失、锈蚀,警示标志牌是否缺失、变形,柜门是否变形、开闭是否正常,堵泥是否缺失、松动,指示灯是否破损、失效、异常等。

⑤供电电缆采用人工检查方式,每日检查总量的 2%,用撬棍开启检修通道盖板,检查供电电缆是否存在绝缘层破损、潮湿、打火等,检查范围应避免重复。

⑥PLC 控制柜主要采用人工检查方式,分为前端控制柜检查与后端控制系统检查,前端检查主要检查控制柜是否锈蚀、箱门开闭是否正常、箱内是否集水、箱体是否倾斜、标志是否完整,后端控制系统检查主要通过电脑操作平台向纳入 PLC 集成控制的设施下达各项远程操作指令,观察前端设备是否准确按照指令运行。

(5)消防设施巡查主要内容

①消防管道闸阀室采用人工检查方式,检查室内是否存在积水、开裂、破损,闸阀盘是否完好、锈蚀,闸阀开闭是否正常等。

②消防沙池采用人工检查方式,检查沙池内是否积水,河沙存量是否充足等。

③风机采用人工检查方式,检查风机外观是否完好,线形是否顺直,就地启动与远程启动功能是否正常、两种启动模式切换是否正常。

④消火栓采用人工检查方式,检查消火栓箱体是否锈蚀、箱门开闭是否正常、箱内是否积水、箱体是否倾斜、标志是否完整,灭火器压力值是否处于可使用范围、数量是否达标,闸阀盘是否完好、锈蚀,闸阀开闭是否正常,消防水带、喷头是否齐备,泡沫灭火剂存量是否充足等。

⑤灭火器及灭火器箱采用人工检查方式,检查灭火器箱是否锈蚀、箱门开闭是否正常、箱内是否积水、箱体是否倾斜、标志是否完整,灭火器压力值是否处于可使用范围、数量是否达标等。

⑥消防管道的设置一般分为两种:一种为铺设在检修通道上的明管,一种为埋设在检修通道内或消防管道专用通道内的暗管。针对明管,采用工程车辆巡查方式,检查管道防腐涂装是否锈蚀,管道是否变形、漏水。针对暗管,先采用工程车辆巡查方式,检查是否出现水管漏水至通道外的情况,然后采用人工检查方式,随机选择一段消防通道,用撬棍打开通道盖板,检查管道防腐涂装是否锈蚀,管道是否变形、漏水,检查范围应避免重复。

⑦疏散标志采用车辆巡查方式,检查是否缺失、破损、移位、脏污,内部灯珠功能是否正常。

⑧隧道防火门采用人工检查方式,检查防火门是否保持设计要求的开闭状态,是否破损、脏污,就地开闭及远程开闭功能是否正常,轨道是否弯曲、锈蚀,开闭是否顺畅等。

⑨消防报警器采用人工检查方式,每次按总量的5%进行抽查,检查消防报警器功能是否正常,表面是否脏污,前端报警信息能否传达到后端监控中心,报警器显示位置与现场实际位置是否一致等。

(6)交安设施巡查主要内容

①轮廓标采用工程车辆巡查方式,检查是否缺失、破损、移位、脏污。

②突起路标采用工程车辆巡查方式,检查是否缺失、破损、移位、脏污。

③交通标志采用工程车辆巡查方式,辅以人工检查开展,检查标志是否缺失、破损、脏污,承重构件是否锈蚀、变形、松动。

④应急广播采用人工检查方式,检查广播是否缺失、外观破损,在后端控制中心播报安全信息时,前端是否能准确放送信息,音量是否符合要求等。

⑤车辆指示器采用车辆巡查方式,检查指示器是否缺失、破损、移位、脏污、显示字体不全等。

⑥LED 情报板采用车辆巡查方式,检查情报板是否缺失、破损、移位、脏污、显示字体不全等。

（7）附属设施巡查主要内容

①检修通道采用车辆巡查方式,辅以人工检查方式,全线检查检修通道盖板是否移位、缺失、破损,然后随机选择一段检修通道,检查盖板是否松动、槽口是否破损等,检查范围应避免重复。该项工作可与暗管式消防管道检查工作一并实施。

②衬砌装饰板采用车辆巡查方式,检查是否缺失、破损、表面脏污、变形、移位等。

③里程桩号标识牌采用车辆巡查方式,检查是否缺失、破损、移位、脏污。

④人行、车行横通道采用人工检查方式,主要检查混凝土、风机、配电箱、疏散标志等,检查内容详见各设施相对应的要求。相关表格见附录5。

3.2　结构工况检查

3.2.1　结构工况检查目的及意义

按照《公路隧道养护技术规范》（JTG H12—2015）要求,隧道检查主要包括经常检查、定期检查、应急检查和专项检查,但由于城市隧道通行率高,使用率大,交通流量高峰期长,汽车堵塞时排放的尾气附着于隧道主要结构（包含路面）上,对结构的耐久性存在一定影响,故在规范要求的基础上,建议增加结构工况检查,及时掌握结构运营状况并制订养护对策。

结构工况检查与经常检查、定期检查的内容相近,主要区别有以下几点:

①结构工况检查原则上应抵近检查,经常检查未要求抵近检查,两者的检查深度不同。

②结构工况检查的侧重点是隧道结构设施运营状况,辅以附属设施检查。定期检查是全面、系统的检查,故结构工况检查不需要做技术状况评定,而定期

检查需要做技术状况评定。

③结构工况检查由隧道管理处自有技术人员佩带既有检测仪器进行检查，频率为 3 个月/次，其检查目的是保证隧道管理处及时掌握隧道结构运营状况，确保隧道的安全运营。定期检查是委托具备相应资质的检测单位进行全面检测，频率根据隧道养护等级确定，检测单位人员配备、检测仪器比隧道管理处更加专业，形成的检查报告比结构工况检查结果更有深度、更全面。

3.2.2　结构工况检查要求

①结构工况检查人员应熟知隧道结构相关知识，具备初步判断病害成因、病害影响范围、病害发展程度的能力，并能熟练使用裂缝宽度测试仪、混凝土回弹仪等。

②结构设施必须抵近检查，如需占道使用高空作业车，应提前制订好检查计划，合理安排占道区域、占道时间及检查任务。

③至少安排 2 名技术人员开展结构工况检查，并组织安全员进行安全监督。

④每次检查应形成检查记录表，独立成册，并附上检查及缺陷形式的影像资料。

⑤应做好每期检查记录缺陷的对比，判断病害发展趋势、发展速度及存在的安全影响，并制订后续管养方针及计划。

⑥出现极端天气可能会对结构产生影响的，应立即开展一次结构工况检查。

3.2.3　结构工况检查主要内容

结构工况检查主要是以检查结构设施为主，主要检查内容（包括但不限于）如表3.2所示。

表3.2　结构设施检查表

设施类型	项目名称	检查内容
主体结构	洞口	山体滑坡、岩石崩塌的征兆；边坡、碎落台、护坡道的缺口、冲沟、潜流涌水、沉陷、塌落等
	洞门	裂缝的位置、宽度、长度；洞门与洞身连接处环向裂缝开展情况；混凝土起层、剥落的范围和深度，钢筋有无外露、锈蚀

设施类型	项目名称	检查内容
主体结构	衬砌	衬砌裂缝的位置、宽度、长度、范围,墙身施工缝开裂宽度及错位量
	仰拱	路面是否长距离沉降或拱起
附属设施	路面	路面拱起、沉陷、错台、开裂、露骨的范围和程度
	检修道	检修道毁坏、盖板缺损的位置和状况
	排水设施	结构缺损程度,中央窨井盖、边沟盖板等完好程度,沟管开裂漏水状况;排水沟(管)、积水井等淤积堵塞、沉沙、滞水情况
	预埋件	吊杆等预埋件是否完好,有无锈蚀、松动、脱落等危及安全的现象,预埋件处是否漏水
	装饰板	装饰板脏污、变形、缺损范围

　　结构工况检查的破损判定情况参照经常检查的标准执行,分为 3 种情况:情况正常、一般异常、严重异常。发现隧道存在一般异常情况时,应进行监视、观测或做进一步检查;当经常检查中发现隧道存在严重异常情况时,应采取措施进行处治;当对其产生原因及详细情况不明时,应做定期检查或专项检查。

3.3　隧道定期检查

3.3.1　定期检查的目的及意义

　　开展隧道定期检查是为了全面掌握隧道情况,确定隧道的主体结构及附属设施功能状态,提供隧道运营状况和退化评定的连续记录,为隧道的日常性养护、维修工作提供确切建议,为制订后续养护计划及方针提供足够的支撑依据。

　　检查单位必须具备对立的检测资质,并根据定期检查技术要求编制检查实施方案。

3.3.2　城市隧道定期检查开展流程

1)编制城市隧道技术要求

(1)编制原则
城市隧道定期检查技术要求编制的原则是"立足隧道安全运营,兼顾规范要求，科学编制"，要用科学的观念、科学的手段、科学的方法来指导和推进城市隧道的定期检查工作。

（2）编制依据

①规范规定必须开展的城市隧道检测评估内容。

②按照隧道设计单位管养要求必须要开展的检测的项目内容。

③管养单位根据管养需要特别要求进行检查的项目。

④查阅历次检测报告和常规定期检测中提出的养护建议。

（3）技术要求内容

定期检查技术要求应主要包括定期检查项目工程概况、检查项目必要性分析、检查项目所包含的检查内容、相关检查项目检查数量、工程费用预算等。隧道维护定期检查计划应该由有经验的隧道管护人员进行编制，确保定期检查的可行性和实用性。

2）制订城市隧道定期检查实施方案

（1）收集资料

①隧道设计、施工、竣工、设计变更资料。

②识别和鉴定隧道结构的主要材料及强度。

③隧道的维修管养资料。

④历次隧道定期检测和特殊检查报告。

⑤隧道设计单位针对该隧道提出相关管养建议及其意见。

⑥隧道管养资料、营运交通情况。

（2）方案内容

隧道定期检查方案应包含概况、编制依据、主要检查内容、主要检查项目工程量、主要检查项目所对应检查方式方法、拟投入检查设备、检查人员、交通组织方案等。

3）城市隧道检查方案审核

①隧道检测单位进场后，由隧道专业检测单位或隧道管养单位依据规范要求并结合历年检测报告提出检测要求和建议以及设计单位提出管养建议和隧道管养单位的检测深度要求编制详尽的定期检查方案。

②由方案编制单位技术负责人组织方案编制人员、本单位相关专业技术人

员对方案进行初审,初审合格后提交隧道管养单位进行方案复核。

③复核机构组成人员为专业隧道检测单位编制人员及其技术负责人、隧道管养单位技术人员及其技术负责人,对监测方案的内容进行全面复核。若涉及专项方案,需在此基础上组织专家进行方案评审,经专家组评审合格后,方案方可用于指导现场检测工作的实施。

④经复审合格后的技术方案交由隧道管养单位技术方案管理部门进行归档留存。

4)定期检查现场管理

(1)定期检查进场准备阶段的管理

①复核检测单位资质是否满足要求。

②现场检测人员配备是否与投标文件或竞标文件上的人员一致。

③检测单位提供的仪器设备是否与施工组织设计上的设备型号一致,所有进场检测设备是否校检合格和功能是否正常。

④检测单位检测前准备工作是否已就绪,安全措施是否已到位等。

⑤检测单位是否对所有检测人员进行了安全、技术交底。

(2)定期检查实施阶段的管理

①检测单位使用的原材料是否满足规范要求,原材料是否合格和满足相关国家规范要求。

②检测单位是否完成了合同、招标文件约定的全部检测内容,检测深度是否符合要求。

③检测单位是否按照方案进行了现场检测。

5)定期检查报告审核

①检测单位应编制完整的检测报告,报告必须准确、客观地反映隧道运营状况。

②检测单位应向隧道管养单位提供合格的检查报告,经管养单位审核无误后,组织专家对检查报告进行审查,通过审查的报告为最终报告。

3.4　隧道机电、消防设施日常维保及要求

城市隧道已经成为大型城市交通网的重要组成部分,按其长度可以划分为

短隧道($L \leqslant 250$ m)、中长隧道(250 m $< L \leqslant 1\,000$ m)、长隧道($1\,000$ m $< L \leqslant 3\,000$ m)和特长隧道($L > 3\,000$ m)四类。除短隧道外,由于城市隧道相对封闭,行车环境较为复杂,存在车流量大、空气质量差、能见度低及环境噪声大等情况,在很大程度上加大了出交通事故的概率。同时,隧道内事故处理极为困难,若发生火灾,则更加危险。为保障隧道安全运营,隧道内安装了大量机电、消防设备用以辅助隧道运营。因此,为确保隧道消防、机电设施运行正常,需定期对隧道消防、机电设施进行维护保养。

3.4.1　维保内容

(1)消防系统维保

消防系统维保主要包含消防设施及设备日常保洁、运营状况检查、使用功能检查以及基本参数检测等工作(表3.3)。

表3.3　消防系统维保

系统名称	设施名称	检查项目	主要检查内容及工艺	一般检修 1次/1月	经常检修 1次/3月	定期检修 1次/1年
消防系统	消火栓及灭火器	总体	消火栓有无漏水、腐蚀,软管、水带有无损伤	√		
			消火栓的放水试验及水压试验		√	
			泡沫消火栓的防渣检查			√
			确认灭火器数量及有效日期	√		
			检查灭火器腐蚀情况	√		
	消防水泵电器控制柜	总体	巡查控制柜柜体外观情况	1周1次		
			查看控制柜标志是否清晰,有无破损	1周1次		
			检查状态指示灯是否正常	1周1次		
			用试电笔测试柜体外部是否绝缘,有无漏电情况	√		
			检查控制门锁有无锈蚀情况,密闭情况是否良好	√		

续表

系统名称	设施名称	检查项目	主要检查内容及工艺	一般检修 1次/1月	经常检修 1次/3月	定期检修 1次/1年
消防系统	消防水泵电器控制柜	总体	用清洁布、防静电毛刷、吹风机等设备对控制柜内进行清洁、除尘		√	
			检查接线端子有无老化、生锈、松动情况		√	
			用温湿度检测仪检查周围环境温度、湿度（温度－25～70℃,湿度5%～90%）		√	
			用数字万用表对控制柜内电压进行检测		√	
	水泵	总体	检查水泵运转时有无异响、振动、过热,压力上升时闸阀的动作是否正常	√		
			检查外观有无污染、损伤	√		
	给水管	总体	检查有无漏水情况、闸阀操作是否灵活	√		
			检查管支架有无腐蚀、松动情况			√
	消防水池	总体	检查消防水池有无漏水情况	√		
			检查水位是否正常及液位检测器是否完好	√		
			检查泄水孔是否畅通	√		
			水池清洁			√

续表

系统 名称	设施 名称	检查 项目	主要检查内容及工艺	一般检修 1 次/1 月	经常检修 1 次/3 月	定期检修 1 次/1 年
消防系统	光纤光栅感温火灾报警系统	总体	清洁表面	√		
			各回路的报警随即抽样试验			√
	手动报警按钮	总体	清洁表面	√		
			检查防水性能	√		
			报警信号与传输测试			√
			各回路的报警随即抽样试验			√
			用数字万用表对控制柜内电压进行检测		√	
			对按钮内部进行清洁		√	
	点式感烟探测器	总体	检查外观是否完好,有无破损情况	1 周 1 次		
			检查状态指示灯指示是否正常	1 周 1 次		
			检查探测器表面有无漏电情况	√		
			检查探测器周围环境温度、湿度	√		
			检查探测器密封性是否完好	√		
			对探测器整体进行清洁		√	
	点式感温探测器	总体	检查外观是否完好,有无破损情况	1 周 1 次		
			检查状态指示灯指示是否正常	1 周 1 次		
			检查探测器表面有无漏电情况	√		

续表

系统 名称	设施 名称	检查 项目	主要检查内容及工艺	一般检修 1次/1月	经常检修 1次/3月	定期检修 1次/1年
消防 系统	点式感温 探测器	总体	检查探测器周围环境温度、湿度		√	
			检查接线端子有无老化、生锈情况		√	
			检查探头、连接光缆、光连接器有无损坏、腐蚀情况		√	
			对探测器整体进行清洁		√	

（2）照明系统维保

照明系统维保主要包含照明设备日常保洁、灯具及灯杆运营状况检查、使用功能检查以及基本参数检测等工作（表3.4）。

表 3.4　照明系统维保

系统 名称	设施 名称	检查 项目	主要检查内容及工艺	一般检修 1次/1月	经常检修 1次/3月	定期检修 1次/1年
照明 系统	隧道 灯具	总体	1. 电压是否稳定，灯的亮度是否正常	√		
			2. 灯泡的损坏与更换	√		
			3. 引入线检查，电磁接触器、配电箱柜是否积水	√		
			4. 开关装置定时的准确性与动作状态有无异常	√		
			5. 脱漆部位补漆及灯具修理更换		√	
			6. 补偿电容器、触发器、镇流器、接触器是否损坏		√	
			7. 绝缘检查		√	

续表

系统名称	设施名称	检查项目	主要检查内容及工艺	一般检修 1 次/1 月	经常检修 1 次/3 月	定期检修 1 次/1 年
照明系统	隧道灯具	各安装部位	有无松动、腐蚀		√	√
		密封性	灯具内是否有尘埃、积水,密封条是否老化		√	
		检修孔、手孔	有无积水		√	
		照度测试	超过灯具寿命周期后应进行照度测试		√	
	洞口路灯	灯杆	检查焊接及连接部位外观有无裂纹			√
			检查外观有无损坏及涂装破坏			√
			检查接地端子有无松动情况			√
		基础	检查基础有无开裂、损伤			√
			检查锚具、螺栓有无生锈、松动			√
		灯体	检查灯体有无损伤,目测亮度是否正常	√		
	照明线路	总体	检查回路工作是否正常	√		
			检查线路有无腐蚀、损坏等情况			√
			检查托架是否松动及损伤			√
			对地绝缘检查			√
	亮度检测器	总体	仪器检测精度标定			√
			检查安装部位有无松动现象	√		

（3）通风系统维保

通风系统维保主要包含通风设备元件保洁、风机运营状况及使用功能检查以及基本参数检测等工作（表3.5）。

表3.5　通风系统维保

系统名称	设施名称	检查项目	主要检查内容及工艺	一般检修 1次/1月	经常检修 1次/3月	定期检修 1次/1年
通风系统	射流风机	总体	检查风机运转过程中有无异响	√		
			检查风机运转时电流值是否在额定值内	√		
			检查风机反转是否正常	√		
		安装部位	检测安装部位有无松动、腐蚀现象	√		
			检查安装掉链的松紧程度	√		
		叶片	检查叶片是否清洁			√
			检查叶片转动有无异响			√
		电动机	检查转动轴有无振动、异响、过热现象			√
			润滑油的检查、更换及轴承清洗			√
			电机拆卸检查、轴承清洗及油脂更换			√
			绝缘测试			√
			三相电流平衡试验			√
			运行中电动机温升是否正常			√
		其他	拆卸组装后的风速及推力测试			√

续表

系统名称	设施名称	检查项目	主要检查内容及工艺	一般检修 1次/1月	经常检修 1次/3月	定期检修 1次/1年
通风系统	轴流风机	总体	检查运转状态有无异响和异常振动		√	
			检查各计量仪器、仪表读数是否正确		√	
			检查基础螺栓及连接螺栓有无松动情况			√
			检查轴承温度、油温、油压有无异常			√
			振动测试有无异常			√
			逆转1 h以上的工作状况有无异常			√
			手动旋转的平衡状态			√
			正、反转间隔一定时间的试验			√
			叶片安装状态检查			√
		减速机	检查油温是否正常	√		
			润滑油老化试验			√
			油脂更换			√
		润滑油冷却装置	检查配管、冷却器、交换器、循环泵有无异常		√	
			检查运转中有无振动、异响、过热现象		√	
		气流调节装置	检查动作状态有无异常			√
			检查内翼有无损伤、裂纹			√
			检查密封性是否完好			√
		动翼、静翼及叶轮	检查翼面有无损伤、剥离			√
			检查焊接部位有无损伤			√
			检查叶轮液压调节装置是否正常			√

（4）通信系统维保

通信系统维保主要包含隧道内数据采集设备保洁、设备运营状况及使用功能检查以及基本参数检测等工作（表3.6）。

表3.6　通信系统维保

系统名称	设施名称	检查项目	主要检查内容及工艺	一般检修 1次/1月	经常检修 1次/3月	定期检修 1次/1年
通信系统	CO/VI检测器	分析仪及自动校正装置	确认分析仪的指示值是否正确	√		
			检查空气过滤器是否干净、有无污染	√		
			检查装置除湿功能是否完好			√
			检查自动校正功能是否正常			√
			检查通风装置功能是否正常			√
		吸气装置	检查吸气泵运转有无异响、过热、振动	√		
			检查吸气装置外观有无污染	√		
			检查检测仪读数有无异常	√		
		采气口	隧道采气口过滤器更换			√
		仪器标定	仪器整体检测精度标定			√
		监控单元	按"能见度检测器"中"监控单元"执行			√
	风速风向检测器	分析仪及自动校正装置	确认分析仪的指示值是否正确	√		
			检查自动校正功能是否正常			√
		仪器标定	仪器整体检测精度标定			√
		监控单元	按"能见度检测器"中"监控单元"执行			√

续表

系统名称	设施名称	检查项目	主要检查内容及工艺	一般检修 1次/1月	经常检修 1次/3月	定期检修 1次/1年
	车辆检测器	检测单元	检查外观有无污染、损伤			√
			检查动作及调整灵敏度			√
		监控单元	检查外观有无污染、损伤	√		
			检查运行状态是否正常	√		
			检查测量仪、显示器、故障显示灯有无异常			√
			检查电子线路板、继电器安装状态			√
			检查柜内配电线有无过热、损伤、松动、断线			√
			检查线圈绝对阻值及电感量			√
通信系统	紧急电话及广播	中波播音装置	行车接听试验	√		
			检查外观有无污染、损伤	√		
			电压及输出功率测定			√
			调制输入确认			√
			设备清洁		√	
		扩音装置	检查外观有无污染、损伤	√		
			电压、电流测量			√
			确认输出功率			√
		操作平台	检查外观有无污染、损伤	√		
			紧急播音试验			√
			监控试验			√
			电流、电压测量			√
		话筒	检查外观有无污染、损伤情况	√		
			紧急播音试验			√

续表

系统名称	设施名称	检查项目	主要检查内容及工艺	一般检修 1次/1月	经常检修 1次/3月	定期检修 1次/1年
通信系统	紧急电话及广播	扩音器	安装状态检测			√
			接听试验			√
		紧急电话	检查外观有无污染、损伤	√		
			通话效果试验	√		
			测定输入、输出电流			√
			强制切断试验			√
			测定接地电阻			√
	交通控制和诱导设施	交通信号灯	检查外观有无污染、损伤	√		
			查找不良像素管			√
			清洁像素管、电路板			√
			检查各接线端子有无松动情况			√
			更换像素管			√
		车道指示器	检查外观有无污染、损伤	√		
			查找不良像素管			√
			清洁像素管、电路板			√
			检查各接线端子有无松动情况			√
			更换像素管			√
			紧固连接螺栓			√
		情报板	检查外观有无污染、损伤	√		
			查找不良像素管	√		
			清洁像素管、电路板			√
			检查各接线端子有无松动情况			√
			更换像素管			√
			紧固连接螺栓			√
			检测程序运行整体性能是否良好			√

（5）监控系统维保

监控系统维保主要包含隧道内前端摄像监控设备及后端服务器日常保洁、设备运营状况及使用功能检查以及基本参数检测等工作（表3.7）。

表3.7　监控系统维保

系统名称	设施名称	检查项目	主要检查内容及工艺	一般检修 1次/1月	经常检修 1次/3月	定期检修 1次/1年
监控系统	闭路电视监控系统	摄像机	检查外观有无污染、损伤情况	1周1次		
			检查配电箱外观有无破损情况	1周1次		
			检查摄像机图像是否清晰、有无干扰	1周1次		
			清洁配电箱		√	
			检查空开和接线端子有无老化、生锈情况		√	
			检查各视频头有无开焊、脱焊现象		√	
			测量设备的接地、绝缘电阻		√	
			清洁防护罩、摄像机，清洁摄像机镜头		√	
			对摄像机进行调焦、变倍、方向功能测试		√	
		解码器	检查外观有无污染、破损情况	1周1次		
			检查指示灯指示是否正常	1周1次		
			检查解码器内继电器、保险丝有无损坏情况	√		
			检查接线端子有无老化现象	√		
			清洁解码器整体		√	

系统名称	设施名称	检查项目	主要检查内容及工艺	一般检修	经常检修	定期检修
				1次/1月	1次/3月	1次/1年
监控系统	闭路电视监控系统	硬盘录像机	检查外观有无污染、破损情况	1周1次		
			检查指示灯指示是否正常	1周1次		
			检查连接线缆是否紧固,有无松动现象	√		
			检查各视频头有无虚焊、开焊现象		√	
			检查录像、回放、备份功能是否正常		√	
		光端机	检查外观有无污染、破损情况	1周1次		
			检查指示灯指示是否正常	1周1次		
			检查连接线缆是否紧固,有无松动现象	√		
			检查拨码、状态指示灯是否完好	√		
			清洁光纤插头、插座		√	
			清洁光端机内部		√	
			测量光路是否正常		√	
		路由器、交换机	检查设备运行情况和网络运行数据检查	√		
			检查路由器的路由表和端口流量检查	√		
			检查交换机的 VLAN 表和端口流量检查	√		

续表

系统名称	设施名称	检查项目	主要检查内容及工艺	一般检修 1次/1月	经常检修 1次/3月	定期检修 1次/1年
监控系统	闭路电视监控系统	路由器、交换机	检查散热风扇	√		
		监视器	检查外观有无污染、损伤情况	√		
			检查图像是否清晰、稳定	√		
		磁盘阵列	检查外观有无污染、损伤情况	1周1次		
			检查磁盘阵列风扇运转是否正常	1周1次		
			检查磁盘阵列内部原件有无老化、变色现象	√		
			检查磁盘阵列内部板卡有无松动情况	√		
			检测磁盘阵列日志有无报警信息		√	
			磁盘阵列整体进行清洁		√	
		各系统后端操作软件	检查病毒防治是否正常	√		
			控制软件维护与系统联动			√
			数据保存、备份设备检查	√		

3.4.2 维保要求

①维保单位应安排专职维保人员驻场进行维保,维保频率及内容应按照规范执行。如隧道运营环境不佳或对维保有更高需求的,可在规范要求的基础上酌情增加维保频率。

②维保人员每次维保后应填写设备检查记录表,表内应包含检查情况、维保工作开展情况、后续维保重点关注设施等内容。

③如需对既有设备进行维修(更换),维保单位应向隧道管养单位提交设备修复(更换)申请表,表内应明确拟更换设备运行现状、存在的隐患、维修(更换)方案及预算,待管养单位核实并同意后实施。

④维保过程中,隧道管养单位应安排专人跟踪维保开展情况,检查维保单位的检查覆盖面、检查深度、维保工艺是否严格按照规范执行。

⑤隧道机电设施、消防设施不能处于脱保状态。

⑥应急故障处置:

a.维保单位在接到管养单位通知后,3 h内赶到现场,并根据现场情况配合管养单位进行应急处置,应急处置内容包含本维保项目涉及所有系统。项目结算时,按照应急故障处置实际发生次数进行计量。

b.应急处置期间,一般故障(可现场修复)12 h内处理、重大故障(无法现场修复需更换设备)24 h内初步解决或提供解决方案。涉及管线维修或重新布管布线等情况,故障修复时间原则上不超过48 h,特殊情况除外。如设备需要送到原厂家维修,需将来回运输时间和维修时间计算在内。为保障系统正常运转,遇系统主要设备出现故障需送修或更换时,由维保实施单位提供备件,并于24 h内恢复系统正常运行。

c.维保单位应在消防系统检查、修复完成后,向甲方出具正式、合格的消防检测报告。

3.4.3　机电、消防设备及设施保洁

①机电设施应根据养护等级、交通组成、污垢对机电设施功能影响程度、清洁方式和环境条件等因素进行清洁维护。清洁维护频率宜不低于表3.8的规定值。

表3.8　机电设施清洁维护频率

清洁项目	城市隧道保洁频率
供配电设施	1次/月
照明设施	1次/年

续表

清洁项目	城市隧道保洁频率
通风设施	1 次/年
消防设施	1 次/季度
监控与通信设施	1 次/季度

②机电设施采用湿法清洁时,应注意保护人员安全和机电设施内部电气元件安全,并应防止液体渗入设施内;采用干法清洁时,应采取必要的降尘措施,对清扫不能去除的污垢,经判别可用湿法清洁时,可用清洁剂进行局部特别处理。

③机电设施清洁维护应保持设备外观干净、整洁、无污垢,并保证机电设施完好。

④机电设施清洁应包括表3.9规定的设备。

表3.9　公路隧道机电设施清洁设备

设施名称	设备名称
供配电设施	配变电所内电力设备、箱式变电站、外场配电箱、插座箱、控制箱
照明设施	隧道灯具、洞外路灯
通风设施	轴流风机、射流风机
消防设施	消火栓及水泵接合器、灭火器、火灾报警设施、水喷雾控制阀及喷头、气体灭火设施、电光标志等
监控与通信设施	各类检测仪、闭路电视、有线广播、紧急电话、横通道门、交通控制和诱导设施、控制器(箱)、光端机、交换机等

⑤配变电所的电力设备包括高压开关柜、低压开关柜、电力变压器、电力电容器柜、自备发电设备等。

⑥电光标志包括紧急电话标志、消防设备指示标志、人行横通道指示标志、车行横通道指示标志、疏散指示标志、紧急停车带标志、公告信息标志等用电发光标志。

3.5 隧道监测

3.5.1 隧道监测系统意义及作用

目前,我国建成的隧道总长度和总数量均居世界第一。由于地质条件、设计、施工及造价、运营、维修管理等方面的原因,隧道病害问题日益突出。如果缺乏先进的测量技术手段,仅能根据定期观测到的数据对不利情况进行定性的描述,这对分析病害原因和把握病害发展规律是极其不利的。更严重的是,如果这些损伤不能及时得到检测和维修,轻则影响行车安全和缩短隧道的使用寿命,重则导致隧道突然破坏和坍塌。一旦发生安全事故,后果不堪设想。

为更好、更全面地做好隧道日常安全运营及养护管理,可以对隧道建立运营期间的实时监测及评价体系——隧道监测系统。通过对隧道结构状况的实时监测,可实时掌握隧道运营状态,及时对隧道的安全性状况进行评估,得出隧道的安全度用以指导营运,确保隧道营运期间的安全。

3.5.2 隧道监测系统设置要求

隧道监测系统主要分为两类,一类是环境监测,另一类是结构设施运营状况监测。每一座城市隧道宜安装环境监测类系统,用于隧道运营安全管理。是否需要安装结构设施监测系统宜通过土建结构技术状况评定等级判断:

① Ⅰ、Ⅱ类隧道可不安装结构设施监测系统。

② Ⅲ、Ⅳ类隧道宜根据病害实际情况,有针对性地设置结构设施监测系统。

③ Ⅴ类隧道宜安装全套结构设施监测系统。

3.5.3 隧道监测系统功能构架及设备参数

隧道监测系统的主要功能包括自动化采集及传输、数据综合管理、安全预警、数据综合显示等功能,其功能设计如图3.1所示。

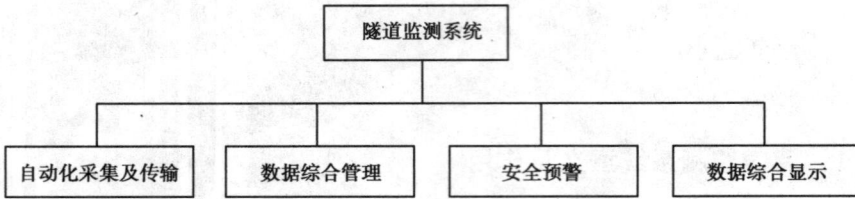

图 3.1　监测系统功能架构图

3.5.4　隧道监测系统主要监测内容、参数及设备(表 3.10)

表 3.10　监测内容、参数及设备

监测内容	监测参数	监测方式
环境监测	温湿度	温湿度计
	烟雾监测	烟雾传感器
拱顶压力	拱顶压力增大系数	压力盒
混凝土局部应力	混凝土应变	应变计
隧道衬砌表面	裂缝宽度	裂缝计
	裂缝密度	
沉降及不均匀监测	累积沉降值	水准仪
	差异沉降值	
振动	拱顶和侧壁的振动	三向加速度计
渗漏水	每 100 m² 渗漏点	渗压计

3.5.5　隧道监测系统运营要求

①监测系统安装单位应对隧道管理处的使用人员进行全面、系统的培训,并留存好培训记录。

②隧道监测系统应委托具备专业资质的单位进行维护、保养。

a. 检查前端控制箱及箱内设备(每半年至少一次),检查箱体安装是否牢固可靠、有无锈蚀,箱内设备(传感器、线路连接)运行是否正常。

b. 定期检查光缆传输设备(每年至少一次),检查光缆安装是否稳固、有无标识损坏、模糊、脱落等。

c.定期对软件系统进行检查,检查各项模块功能是否正常,数据是否完整、真实。

d.定期对场外设备进行清洁(每季度至少一次),确保中控机、传感器运行正常。

③隧道管理处人员应开展监测系统自行检查。

a.针对设备使用的功能和使用要求,编制设备的日常、定期检查计划。

b.检查监控室各显示设备是否正常显示。

c.检查健康监测系统软件的报表是否正常导出。

d.检查健康监测系统数据是否连续、正常。

e.检查健康监测系统报警信息是否真实、有效。

f.每天做好中控室室内(地面、电脑设备、显示设备等)的清洁卫生工作。

④监测系统故障应及时排除,尽快恢复正常使用。

a.设备出现一般故障(可现场修复),2个工作日内处理。

b.如设备需要送到原厂家维修,需将来回时间运输和维修时间计算在内。系统主要设备出现故障需送修或更换时,10个工作日内恢复系统正常运行。

c.涉及外管线维修或重新布管线等情况,故障修复时间原则上不超过15个工作日。

d.重大故障(无法现场修复需更换设备),5个工作日内初步解决或提供方案。

3.6　隧道渗漏水、水质监测

城市隧道衬砌体系绝大部分采用钢筋混凝土,其使用寿命及耐久性与地下水息息相关。根据《公路工程地质勘察规范》(JTJ C20—2011)要求,硫酸根离子、镁离子、钙离子、pH值及侵蚀性二氧化碳是隧道混凝土结构主要的腐蚀介质,其含量超过标准界定值,则会对混凝土结构造成不同程度的影响。尤其是水对混凝土的腐蚀溶解能力,主要取决于水中侵蚀性CO_2的含量,其含量越高,水的溶蚀能力也越强。氯离子含量超标则将会造成衬砌钢筋锈蚀。针对地下水资源丰富且穿过瓦斯聚集、采空区等地段、衬砌表面渗漏水的隧道,应开展好渗漏水发展、排水水质及常规排水量监测工作。

①渗漏水区域划分。应结合隧道工程地勘报告,判断渗漏水区域是否处于富水段区域。如出现非富水区域渗漏水严重的情况,应引起高度重视,必要时需委托检测机构做专项检查。

②渗漏水点位记录。在平面图纸及现场做好渗漏水点位记录,点位编号制订应科学、合理,能够分辨出点位的发现时间,记录内容包含渗漏水量,以便对比、分析发展趋势,在暴雨后 3 天内应进行渗漏水专项检查。

③水质监测。定期收集渗漏水样本,水样不低于 500 mL,用专用容器装盛,每份水样应标明取样地点及时间,一周为一个周期,一周期送至专业检测单位进行检测。

④常规排水量检查工作。在隧道排水沟尾端设置水流量监测仪,实时监控排水量。如排水量出现骤减,则有可能是多种因素造成的,应引起重视,进行城市隧道渗漏水的全面排查。

3.7　隧道供电监控

3.7.1　工作职责

①负责对当班期间变配电室(站)内电力设备运营状况进行监控管理。

②做好电力设备管理记录,对当班期间变配电设备运行状况准确性、真实性负责。

③对所辖范围内变配电设备进行巡视、检查和故障处置,对检查和处置记录的正确性及真实性负责。

④做好变配电室(站)各类电气设备清洁卫生。

⑤对电力设备房内消防设施设备进行检查、保洁,对消防设施设备的完好性、有效性负责。

⑥遇突发事件时,配合值班经理赶赴现场进行应急处置。

⑦完成上级领导交办的其他工作。

3.7.2 日常管理

（1）交接班管理

准时进行交接班，当面交清电力设备运行情况，保证电力设备运行管理工作的连续性。

①交班人员交班前做好变配电室（站）保洁工作，告知接班人员电力设备运行状况，做好交接工作内容的整理。

②接班人员准时到岗，整齐着工作服，做好交接班检查工作，确认无误后上岗作业并上报值班经理。

③出现以下情况时，不得进行交接班：

a. 正在发布指令或联络处理交通异常情况时；

b. 交接班时，设施设备发生故障；

c. 发现接班人员身体状况异常时；

d. 发生紧急事故，事故处理未告一段落；

e. 接班人员未正式办理交接手续，交班人员擅自离开工作岗位的。

（2）外单位临时用电管理

电力监控过程中，时常遇到外单位申请临时用电，电力监控人员需做到以下几点：

①将用电设备名称、功率及用电单位单位名称等相关信息报告值班经理及相关领导，需完善相关临时用电手续；

②外单位工作人员进入变配电室（站）时做好登记工作，并检查其工作人员相关操作证件的准确性及真实性；

③临时用电过程中，不定时对临时用电单位现场进行检查，看用电是否规范，有无不当操作等。

（3）设备故障、缺陷管理

发现设施设备故障、缺陷时，需及时采取必要的措施，确保设备健康运行，实现电力生产"安全第一、预防为主"的目的。针对出现的设备故障、病害情况，需判断缺陷类型，并将实时状况报告值班经理及相关责任人。设备故障、缺陷类型主要分为以下几类：

①严重缺陷:可能导致人身死亡、设备损坏及停电事故。因情况危急,须立即处理。

②重要缺陷:已影响设备效率,不能满足系统正常运行的需要,或短期内将会发生事故威胁安全运行。因情况紧急,须及时处理。

③一般缺陷:对安全运行造成局部影响,使设备带病工作,将会导致故障发生,须尽快处理。

3.8 洞口绿化养护

3.8.1 绿化养护及检查要求

①洞口绿化作为隧道外观品质的体现,宜委托专业绿化养护单位进行养护。

②绿化养护单位应填写每日养护记录表,内容包括养护频率、养护内容、苗木现存病害等。

③如养护不到位造成苗木死亡,绿化养护单位应承担苗木更换的责任及费用。

④隧道管养单位应每月对绿化养护情况进行检查。

3.8.2 养护内容

洞口绿地配套设施维护包括树木和地被缺株、秃斑补植、整形修剪、施肥、浇水、病虫害防治等养护措施落实,以及洞口绿地卫生清扫和保洁、隧洞口景观质量等方面内容。

3.8.3 检查标准(表3.11)

表3.11 洞口绿化检查标准

分类	序号	项目	检查标准
修剪	1	乔木	无枯枝,树木枝叶不阻碍车辆、行人通行及不遮挡道路提示标志,主侧枝分布均匀
	2	灌木	成型,整齐,新长枝不超过10 cm

分类	序号	项目	检查标准
修剪	3	草等	路缘、井圈、边沟、边坡草坪整齐、平整,总高度在 4 cm以下
施肥	4	施肥	保证基肥,追施化肥,不伤花草,果树需施专用肥料;按年计划实施,并将相关资料报隧道管理处备案
防病治虫	5	病虫害防治	无明显枯枝、败叶,无病虫害现象,如发现病虫害及时治理
抗旱	6	乔木、灌木、地被	保持植物良好长势,不出现大面积枯萎、缺水等现象
日常养护	7	除杂草	绿化范围内无杂草
	8	补栽补种	能满足植物生长的条件下无黄土裸露,无明显沟缝
	9	防风、防涝、巡视、看管	灾前积极预防,对树木加固,灾后48 h内清除倒树断枝、疏通道路,清理扶植确保树木无倒斜
绿化保洁	10	绿化保洁	枯枝败叶及时清除,绿地清洁率在98%以上;绿地无大量落叶杂物,无枯枝、垃圾等

3.9　外单位施工管理

外单位施工是指非隧道管养单位组织的施工单位在隧道内施工的情况。外单位施工主要分为以下4种情形:

①由交警部门委托专业单位施工,改变隧道通行限制条件的情形,如标线布置原则改变、限速指示牌内容改变、交通标志位置改变等。

②由政府发文,相关部门委托专业单位施工,从广播、通信覆盖或者其他方面提高行车舒适度的情形,如增设通信光纤、加装信号放大器及配电箱等。

③通信、供水、供电单位因增加管网覆盖面需要,委托专业单位在隧道内既有管廊内铺设管线的情形。此情况需充分考虑占用既有管廊是否会影响隧道后

期的运营管养。

④政府部门要求对隧道品质进行提升,委托专业单位实施相关内容,如在洞口上方增加绿化、在隧道口加装雕塑、对隧道内涂装进行更换等。

健全外单位施工管理制度,应包含资料审查、完善方案备案程序、进场施工后的现场监管,以及施工完成后的现场验收、资料验收等。

3.9.1 资料审查、备案

①审查项目的立项依据是否完善,项目的设计方案、施工方案、交通组织方案等是否齐全,是否履行其项目内部审核流程,以及项目实施的合法性、必要性及可行性等。

②对隧道结构运营安全存在影响或可能危及结构安全运营的施工方案、对交通通行影响较大施工的交通组织方案等进行专项论证。

③方案内有无对既有设施保护措施,保护措施是否有效、到位。

④交通组织方案是否可行,且必须经交通运管部门批准。

⑤专业技术管理人员查看现场,核实施工位置、施工规模等,结合现场情况评估拟实施项目方案是否可行,其施工不得改变隧道的主体结构,不得对隧道后期运营造成不利影响,并明确意见,完善备案流程。

⑥对结构运营安全无影响的工程,施工单位应向隧道管养单位提供施工安全承诺书。对结构运营安全存在影响的工程,隧道管养单位应与施工单位签订安全协议。

3.9.2 施工过程监管

①完成备案流程后,隧道管养单位应对施工单位进行安全、技术交底,原则上施工单位应向隧道管养单位缴纳施工保证金,防止施工单位破坏既有设施后不进行修复。

②对施工进行监管,隧道管养单位安排技术人员每日对施工现场进行检查,主要检查施工单位是否严格按照完成备案的施工方案开展作业,安全保护措施是否完善,既有设施保护措施是否齐备,作业人员是否擅自离开施工区域,材料堆放是否整齐等。如上述任意一项工作未按要求开展,隧道管养单位应要求施

工单位立即停止作业,待完成整改并通过管养单位同意后,再行施工。

③隧道管养单位应真写每日对施工现场情况的检查记录表,并要求施工单位签字确认,检查记录表独立成册,放入施工单位提供的工程竣工资料内。

④针对可能引起洞门、衬砌线形发生变化的工程,施工单位应埋设观测点,做好线形观测,并按时将观测数据报送隧道管养单位。

3.9.3　施工完成后现场验收

施工完成后对施工区域进行验收,检查设施是否完好,施工产生的垃圾是否清理干净,新增设施、设备(如有)对隧道安全运营有无影响等。对原设施造成损坏的是否原样恢复(或按照不低于原使用标准进行恢复)。施工完成后,施工方需提供竣工资料在管养单位进行备案。

4 城市隧道安全管理

4.1 值班制度

值班工作是确保隧道管养工作及时高效运转的重要手段,也是应急管理工作的重中之重。隧道管理处应该充分认识到值班工作的重要性,值班室设置专线电话,配备必要的办公和通信设备;值班车辆应配备锥形桶、应急工具箱、随车安全物资等;值班人员应政治可靠、责任心强、业务熟悉、有较强综合分析能力和协调处理能力。

4.1.1 职责和任务

监控中心负责总值班工作,履行总值班、值守应急、信息汇总、传递和综合协调职能,实行 24 h 值班制度。

①负责接听值班电话和接收相关文件、信息。

②负责隧道管理处的值班工作情况的检查,掌握隧道管理处值班工作情况、设施及设备运行情况,协调、指导隧道管理处的值班工作,确保隧道管理处的值班工作正常有序运转,保证隧道管理处和隧道管理处相关部门 24 h 联络畅通。

③监督隧道管理处工作人员履职情况,通过 OA 系统掌握隧道管理处的安全管理、环卫保洁、重车查处、外保巡更、突发事件等日常性工作。

④信息的报告、协调、传递工作:

a. 随时了解掌握、汇总分析辖区内各类突发事件等紧急重大情况,及时向隧道管理处领导请示和报告;

b. 负责传达和督促落实隧道管理处领导对突发事件处置和紧急重大情况的

指示；

c. 负责编辑"隧道管理单位值班信息"，通过手机短信，每天下午5:30向隧道管理处领导综合报告每天隧道管理处安全、设施、环卫等情况信息（无事报平安）。

⑤负责完成隧道管理处领导交办的其他工作任务。

4.1.2　工作程序

值班人员要按照"及时、准确、稳妥、保密"的原则，认真履行职责，发生较大以上突发事件及重要事件后，在事前、事中、事后及时向分管领导报告。

突发事件或紧急事件信息报告应遵循以下要求：

（1）信息核报

①接到事发隧道管理处报送的突发事件信息或紧急报告，经审核，符合突发事件信息报送要求的，立即向分管领导汇报，做好记录。

②接到其他方面上报的突发事件信息，可速向事发隧道管理处核实。符合上报标准的，立即向分管领导汇报。

③对于情况不够清楚、要素不全的突发事件信息，要及时核实补充内容，再向分管领导汇报。但事件紧急、性质严重的，可同时了解和报告情况，并将后续情况及时报告分管领导。

（2）信息报送方式

①对于工作日白天接报的突发事件信息，直接向分管领导汇报。

②对于工作日夜间和节假日接报的突发事件信息，除向分管领导汇报外，还应向当天带班领导汇报。

（3）协助处置事件

①接到隧道管理处领导对突发事件信息作出的指示，应及时向事发隧道管理处和隧道管理处相关部门传达。同时，与事发现场指挥员保持密切联系，掌握动态，跟踪事态进展。

②需由隧道管理处领导协调处置的较大以上突发事件，根据隧道管理处领导指示或有关规定，协助做好相关工作。

③必要时，经隧道管理处领导同意，可临时调动其他隧道管理处人员及物资

等,对事发隧道管理处进行支援。

4.1.3　总值班规定

①实行值班人员岗位负责制。当班人员值班期间要严格按工作程序,认真履行职责,不能擅离值班岗位或从事与值班无关的工作,不得请非值班范围人员替班。值班人员原则上不允许换班,有特殊情况确需换班的必须经过安全保卫部负责人同意。

②值班人员应进行上岗前培训,熟悉值班工作业务,了解值班事项,按时到岗,坚守岗位。要正确使用和爱护值班设备,确保值班设备运转正常。值班员要清扫室内卫生,保持值班室环境卫生整洁。

③值班人员要严格遵守各项保密规定,不得向无关人员透露涉密信息。

④实行交接班制度。交接班时间为早上 9:00。值班人员要按规定时间交接班,并向接班人员交代已办和待办事项。

⑤实行总值班工作通报和责任追究制度。隧道管理处领导及安全保卫部负责人随时对值班人员在岗值班情况进行抽查、检查。

4.2　车流量统计管理

4.2.1　设备统计

①建设期间已安装车道监控地感线圈的城市隧道,可通过车道监控计数器以小时为单位对隧道内车流量进行统计,并配合人工制表汇总得出车流量统计结果。

②目前常用的车道监控地感线圈仅能对断面内通过车辆总数进行统计,无法对通过车辆的类别进行划分。

③隧道管理养护期间,管养单位可根据养护需求增设车道监控地感线圈等车辆监控高新设备。设备安装位置应选取典型断面,如进洞口、出洞口、隧道中段等,数据通过隧道内 PLC 柜传输至监控中心。

4.2.2　人工统计

①管养单位应根据管理养护需求,每月定期安排监控中心人员对隧道车流

量进行统计。为保证统计工作的准确性,典型统计断面尽量选择采光条件较好且安装高清摄像机的路段,如隧道进洞口外。

②人工统计可按通行车辆类型,对大型、中型、小型、摩托车等分类统计通行量。

③管养单位应每月对统计数据进行归档,且应将当月车流量数据较上月数据进行对比,分析数据激增、陡减原因。

④管养单位应将当月车流量数据与设计车辆数量进行对比。若车流量长期超出设计值,管养单位应合理加强路面设施巡查工作,及时采取养护措施。

4.3　隧道交通组织管理

4.3.1　隧道占道作业交通组织管理

隧道内实施占道作业的时间段原则上选择在夜间(除特殊情况外)。由于夜间车流量较小,且驾驶员精神状态比昼间相对减弱,为了确保作业人员的安全,必须严格按照规范要求及交警部门指导意见设置安全措施。

①向交警部门提出占道申请。隧道管养单位应根据占道作业内容、拟占道时间、设置安全措施、交通影响评估、占道区域平面图等编制对应的占道作业实施方案,并报送交警部门审核,获批后方可进入现场实施阶段。

②向监控中心报备。凡是在隧道内进行占道作业,无论是对外委托还是自行维护的,均应向隧道管养监控中心报备,征得同意后方可实施。禁止在交警审批的作业时间段外开展占道作业,每日作业完成后应向监控中心报告。

③发布占道作业消息。通过隧道入口的 LED 情报板向社会通报情况,提示通行车辆减速慢行、注意避让。通报内容应包含占道情况、占道时间。根据施工情况,将所占车道的车行道通行状态指示器调整至对应状态。

④配备安全员。占道作业现场必须安排专职安全员进行安全督导,并疏导因占道引起的车辆积压。安全员应站在具有较高安全系数的位置开展相关工作。安全员必须全程跟踪占道作业施工,发现存在安全隐患应立即叫停作业,整改完成后方能继续施工。

⑤规范作业人员安全行为。占道施工期间,作业人员严禁离开安全区域,更

不能横穿公路,作业人员要穿戴好反光背心;回收已放置的安全设施时,应按照后摆放先回收的原则,有序回收。

⑥占道的形式。由于占道作业工作内容的特性不同,占道形式也有所区别,大致分为临时定点占道、移动占道、定点占道三大类(图4.1至图4.3)。每一种占道形式应严格按照规范要求设置好安全设施,移动占道还需根据作业内容的特性合理设置移动速率,安全员要根据移动速度合理做好安全设施的迁移工作。安全设施可参考下列方式执行。

定点作业的安全保护区分为5个区域,分别为警告区、上游过渡区、缓冲区、作业区、下游过渡区及终止区。

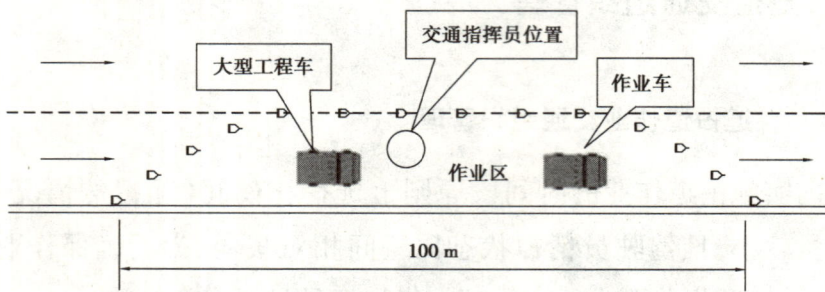

图4.1　临时定点作业安全区域布置图

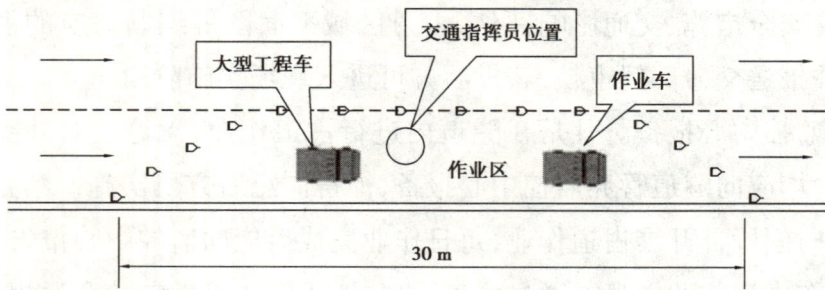

图4.2　移动作业安全区域布置图

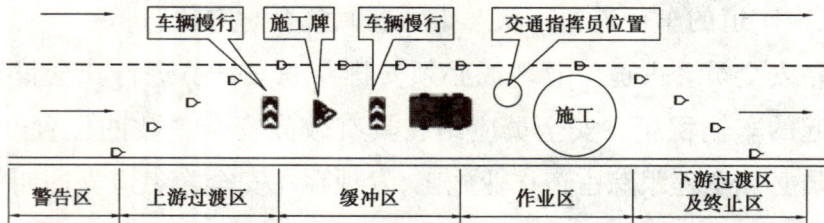

图4.3　定点作业安全保护区布置图

①警告区。警告区应有显示前方正在进行作业的规范化标志牌,利用隧道进口处情报板、灯箱、施工告示牌结合广播预先告知,警告车辆驾驶员按交通标志调整行车状态。警告区的长度不得小于100 m并逐渐降速至20 km/h。各标志牌之间的距离为25 m。

②上游过渡区。保证车辆平稳地从封闭车道的上游横向过渡到缓冲区旁边的非封闭车道路段,长度安规定取用,如表4.1所示。

表4.1 上游过渡区长度表

上游过渡区长度 (m)		关闭车道宽度(m)				
		2.5	3.5	3.75	7.5	11.25
限制车速 (km/h)	15		10	13	20	30
	20	10	10	15	25	35
	40	30	30	40	70	100
	60	60	60	90	150	240
	80	120	180	210	300	480

③缓冲区。位于上游过渡区与作业区之间的区段,为防止闯入作业区而设置的缓冲路段,缓冲区与上游过渡区应设置路障,长度按规定取用,如表4.2所示。

表4.2 缓冲区长度表

限制车速(km/h)	15	20	40	60	80
缓冲区长度(m)	30	40	80	120	160

④作业区。应留有人员和机具材料等的出入口,出入口应设置在作业区下游的末端,作业区域与相邻车道的分界线上,每隔2~3 m设置一个有反光标记的锥形安全标识,作业区两侧应有防护栏等防护和隔离措施。

⑤下游过渡区及终止区。车辆驶离作业多的狭窄路段后,在标志牌的诱导下变换车道,恢复至原行驶车道行驶,其长度视具体情况而定。

⑥作业区域的上游应停放一辆车顶设有频闪黄灯的施工车辆,并与作业点

保持足够的安全距离(一般应大于 20 m)。

⑦占道顺序:

a. 车辆停放在施工主道作业面之后 50 m 以上;

b. 每间隔 1 m 斜放 1 只反光锥;

c. 依次安放限速牌和导向牌、施工牌等有效警示牌;

d. 车辆停放在作业面后,并开启警示牌;

e. 车道线(线内)按间隔 2~3 m 设置锥形桶,一直安放到施工作业面顶端边线,并安放有效警示灯。

⑧施工结束撤除顺序:

a. 收集工具、设备和材料,货运装车,清理现场并进行检查。

b. 作业车辆和作业人员撤离现场,留现场安全员和交通指导员。如单车作业,作业人员和工具、设备、材料全部上车。

c. 保护车辆移至上游过渡区前。

d. 由终止区向下游过渡区、作业区、缓冲区、上游过渡区依次拆除交通隔离设施(反光锥、隔离护栏、隔离墩)。施工作业负责人确认现场具备通车条件,再通知管养单位予以复查做最后确认。

e. 作业车和保护车辆依次离开,交通恢复正常行驶后,关闭双跳灯、警示灯、导向灯。

f. 中控室对隧道内的交通信号灯、情报板切换至正常状态。

4.3.2 交通量激增时限行管理

交通量激增造成隧道内积压车辆急剧增加时,为避免因车辆出现自燃事故发生大规模火灾,宜结合隧道结构情况及紧急疏散难易程度,综合判断是否需要在隧道入口采取限行方式,以减少隧道内积压的车辆数量。

(1)寻求交警部门的指导

出现交通量激增情况时,应尽快向属地交警部门汇报情况,汇报内容应包含实时交通量数值、隧道内积压车辆情况、隧道消防设施基本情况及紧急疏散难易程度。

（2）配合交警部门进行疏导

获得交警部门同意后，赶赴隧道进口，在交警部门的指导下布设交通安全设施，达到将拥堵地段由隧道内转移至隧道外的目的。

4.4　环卫保洁管理

环卫保洁工作是隧道日常管理工作的一项重要内容，隧道管理处应结合自身环卫工作的实际情况建立标准的环卫管理机制、作业标准及检查考评办法，使隧道管理处环卫工作规范化、精细化管理，营造整洁有序的形象。

4.4.1　环卫保洁要求及标准

环卫保洁工作主要包括扫除隧道内垃圾、清除结构物脏污、清理（疏通）排水设施，以保持结构物外观的干净、整洁。隧道清洁应综合考虑隧道养护等级、交通组成、结构物脏污程度、清洁方式及效率、环境条件等因素确定清洁方案和频率。按照养护等级，隧道清洁维护频率宜不低于表4.3规定的频率。一般来说，隧道交通量越大、污染越严重、结构物越易脏污，清洁周期越短；否则，反之。相比其他公路结构物，隧道呈长管状，烟尘不易散发，因此清洁周期相对要短一些。结构物的清洁养护通常都选择在交通量较小时进行，如假日、夜晚等，以尽量减少交通干扰，降低事故风险。

表4.3　清洁频率

清洁项目	城市隧道保洁频率
路面	1次/日
内装饰	1次/周
检修道	1次/周
横通道	1次/月
标志	1次/周
标线	1次/日
轮廓标	1次/日
排水设施	1次/周
顶板	1次/半年

续表

清洁项目	城市隧道保洁频率
斜井	1次/半年
侧墙、洞门	1次/月

备注:原则上参照表内执行,如遇特殊情况可加大保洁频率。

1)隧道主体设施保洁要求及标准

①为了保持路面干净整洁,提供安全舒适的通行环境,需要经常清洁路面。隧道内路面由于无雨水冲刷,较易脏污,而路面的整洁与隧道的服务质量密切相关,路面上的散落物对行车安全威胁极大,因此倾向于规定较短的清洁周期,可以采用清扫与清拣相结合的方式。隧道内路面清洁应满足下列要求:

a.应保持路面干净、整洁,两侧边沟不应有残留垃圾等物品;

b.主干道及城市快速路宜以机械清扫为主,清扫时应防止产生扬尘;

c.路面被油类物质或其他化学品污染时,应采取措施清除。

②为了经常保持顶板和内装饰外观整洁,维护舒适的通行环境,提高照明系统的功效,需要定期对顶板和内装饰进行清洁养护。清洁的方式有湿法和干法两种。湿法清洁目前应用较广,但是需要设置废水沉淀池,将废水处理后排放;干法清洁无须处理废水,但产生大量的尘埃,恶化隧道环境,可能需要同时使用集尘装置或对通行车辆加以引导。表4.4简单列出了两种清洁方式的特点。

表4.4　湿法、干法清洁的特点

清洁方式	湿法清洁	干法清洁
设备	需设置废水沉淀池	设备相对简单
作业规模	较大	较小
对内装饰板的影响	刷的压力小于干式	清扫压力较大,可能损伤内装饰板
对通行车辆的影响	污水散流,但可控制,对交通有一定影响	清扫时产生大量尘埃,影响交通
清洁效果	较好	较差,飞散的尘埃可能再次附着

隧道的顶板、内装饰、侧墙和洞门清洁应满足下列要求：

a. 应保持干净、整洁、无污垢、污染、油污和痕迹。

b. 顶板、内装饰和侧墙清洁宜以机械作业为主，以人工作业为辅。

c. 采用湿法清洁时，应防止路面积水和结冰，并应注意保护隧道内机电设施的安全，防止水渗入设施内；清洗用的清洁剂，可根据实际效果选择确定，宜选用中性清洁剂；清洁剂应冲洗干净。

d. 采用干法清洁时，应避免损伤顶板、内装饰和侧墙，以及隧道内机电设施。清洁时，应采取必要的降尘措施；对不能去除的污垢，可用清洁剂进行局部特别处理。

e. 隧道内没有顶板和内装饰时，应根据需要对洞壁混凝土进行清洁。

f. 洞门的清洁应按照侧墙要求执行。

③隧道排水设施需经常进行清理、疏通，以保持其良好的排水功能，确保水流畅通无阻，及时排泄隧道衬砌背后地下水、隧道内漏水、污水、汽车挟带水以及其他积水，防止积水影响行车、损害隧道结构或设施。隧道排水设施应按下列规定进行清理和疏通：

a. 应保持无淤积、排水通畅。

b. 在汛前、汛中和汛后以及极端降水天气后，应对排水设施进行检查和清理疏通。在冰冻季节，应增加排水沟的清理频率。

c. 对于纵坡较小的隧道或隧道的洞口区段，应增加清理和疏通的频率；对于窨井和沉沙池，应将底部沉积物清除干净。

④为保持隧道线形诱导标和轮廓标外观清晰、醒目，确保交通信息传递清楚无误，提高隧道安全性和节能性，需要清洗隧道内外的标志、标线和轮廓标，清洁应满足下列要求：

a. 应保持完整、清晰、醒目。

b. 当标志、标线和轮廓标表面有污秽，影响辨认性能时，应及时进行清洗。清洗标志、标线和轮廓标时，应避免损伤表面覆膜或涂层等。

⑤隧道横通道应定期清除杂物和积水。

⑥对于斜井、检修道及风道等辅助通道，应定期清除可能损伤通风设施或影响通风效果的异物。

2）隧道附属设施保洁要求及标准

附属设施清洁维护频率根据设施的重要程度,结合土建结构养护频率及风机房、变电所、监控房的机电设施有特殊要求确定,不应低于表4.5的规定值。

表4.5 附属设施清洁维护频率

设施分类	清洁维护频率
电缆沟	1次/半年
设备洞室	1次/季度
洞外联络通道	1次/月
洞口限高门架	1次/年
洞口绿化	1次/月
消音设施	1次/月
减光设施	1次/年
污水处理设施	1次/年
洞口雕塑、隧道铭牌	1次/年
管理用房或房屋设施	楼地面、墙台面1次/周,吊顶、门窗1次/月,地基基础、屋面1次/年;风机房、变电所、监控房按机电设施的相关规定确定清洁维护频率

备注:原则上参照表内执行,如遇特殊情况可加大保洁频率。

①应定期清除电缆沟、设备洞室内的杂物积尘,清理排水设施,保持电缆沟内整洁、设备洞室内无积水,电缆沟盖板的清洁维护纳入隧道土建结构"检修道"。

②应定期清扫洞外联络通道内路面、清除隔离设施脏污、清理排水设施,确保紧急情况下车辆、人员正常通行。

③应定期清除洞口限高门架脏污,保持限高标志清晰醒目,清除、修复门架撞击痕迹,矫正门架变形,保证满足限高要求。

④洞口绿化与植被应与周围环境协调,清洁维护工作应满足下列要求:

a.应定期修剪隧道进出口两侧30~50 m范围内的乔木,避免侵入行车限界或影响行车视距；

b.适时修剪抚育树木,保持树木透光适度、通风良好,减少病虫害的发生；

c.适时修剪草皮,保持美观。

⑤洞口雕塑、隧道铭牌宜定期清洗,保持整洁、美观。因多年运营,雕塑表面出现锈蚀、氧化或其他污染情况,需采取专业清洗措施。

⑥应定期清洗消音设施污秽,修复或更换损坏部位、部件。

⑦应定期扫除遮光棚顶垃圾、清除脏污,保持减光设施正常减光效果及外观干净、整洁。

⑧应定期清除污水处理池和净化池沉积的泥沙、杂物,污水处理池和净化池容积不应受挤占。

⑨应定期进行附属房屋设施清洁维护,保持房屋及周围环境的整洁、美观,周围场地应排水畅通,并应符合下列规定：

a.应清除地基基础周围堆物、杂草,疏通排水系统,保证勒脚完好无损,防止地基发生浸水、冻害等。

b.应清除楼地面脏污、积尘,保持楼地面清洁。风机房、变电所、监控房等主要生产房屋地面应无积尘和油污；应疏通用水房间排水管道,楼地面应有效防水,避免室内受潮与虫害。

c.应清除墙台面及吊顶脏污、积尘,清洁墙台面及吊顶。

d.应清除门窗脏污、积尘,修复或更换破损部位(件),使门窗处于正常使用状态。

e.应清除屋面积雪、积尘,保证屋面不渗漏。

4.4.2　保洁效果检查方法

隧道管理处应定期和不定期地对所辖范围内环卫工作进行考评检查(原则上每月检查不少于4次)。环卫检查采取明查和暗查相结合的方式,注重及时性和实效性,对发现的问题当场拍照取证登记和评分,并于当日或次日函告环卫公司限期整改(表4.6、表4.7)。限改期满后,组织随机抽样实地回访,对未整改或整改效果仍未达标的,应按考评标准给予处罚措施。

表4.6　×××隧道管理处环卫保洁工作检查标准范本

序号	检查内容	检查标准
1	车行道	1. 车行道道路整体清洁保持本色,路面标线保持本色(积尘不得遮盖路面或标线本色,边缘不得有泥沙淤积或粉尘聚集),无垃圾杂物、污渍、污水; 2. 路缘石立面和边角无泥迹、青苔; 3. 及时清除突发事件道路污染
2	人行检修通道	1. 人行检修通道见本色,无障碍物、垃圾、污物、苔藓,及时处理污水横流; 2. 及时发现、清除乱涂画和乱张贴
3	隧道横通道	隧道横通道与所连接道路保持同等保洁质量,立面和顶面干净、整洁、无异物
4	隧道装饰板	保持本色,做到表面无污物,无积垢、泥浆覆盖
5	水箅子	排水箅及周围无垃圾、尘土和积水,保持水箅畅通和亮桥亮角
6	垃圾处置	做到日产日清
7	其他	1. 保持设施外观本色,做到设施外观无灰尘、污物、泥浆覆盖,表面洁净; 2. 按要求使用环卫作业机具

表4.7　×××隧道环卫清扫保洁检查记录表(样表)

年　月　日

序号	检查内容	检查标准	考核分数	附图	备注
1	车行道	1. 车行道道路整体清洁保持本色,路面标线保持本色(积尘不得遮盖路面或标线本色,边缘不得有泥沙淤积或粉尘聚集),无垃圾杂物、污渍、污水; 2. 路缘石立面和边角无泥迹、青苔; 3. 及时清除突发事件道路污染			

序号	检查内容	检查标准	考核分数	附图	备注
2	人行检修通道	1. 人行道见本色,无障碍物、垃圾、污物、苔藓,及时处理污水横流; 2. 及时发现、清除乱涂画和乱张贴			
3	隧道横通道	隧道横通道与所连接道路保持同等保洁质量,立面和顶面干净、整洁、无异物			
4	隧道装饰扳	保持本色,做到表面无污物,无积垢、无泥浆覆盖			
5	水箅子	排水箅及周围无垃圾、尘土和积水,保持水箅畅通和亮桥亮角			
6	垃圾处置	做到日产日清			
7	其他	1. 保持设施外观本色,做到设施外观无灰尘、污物、泥浆覆盖,表面洁净; 2. 及时发现、清除乱涂画和乱张贴; 3. 按要求使用环卫作业机具			

隧道管理处:　　　　　　环卫公司:　　　　　　检查组:

4.5　禁行车辆及行人的管理

①隧道内禁止通行超高车辆,通行最大高度可参照隧道竣工图纸或相关文件执行。隧道进口需设置限高龙门架,并采用3M反光贴膜增加警示效果,龙门架上方设置限高标牌(标明高度)。为警示超高车辆择道行驶,隧道前方分流道等需提前增设限高标牌。

②隧道内禁止通行压路机、履带车、铁轮车等可能损坏隧道路面结构的工程车辆。值守岗位人员若发现有上述车辆行进至隧道口,应及时制止。管养单位应及时上报强力部门,采用大型拖车拖运驶离隧道。

③隧道内禁止通行未按规范装载的货车。装载砂石、煤炭、垃圾等易掉落、

遗撒或飘散的运载车辆,应当采取箱式密闭等有效防护措施,方可通行。

④隧道内禁止通行运载爆炸物品、易燃易爆化学物品,以及剧毒、放射性等危险品的车辆。隧道管养单位应与隧道辖区外 1 km 范围内的交警部门或车辆管理部门建立联动机制,及时捕捉危化品车辆的通行需求信息,及时调配值守岗位及管理人员于合理位置设置卡口,安全疏导危化品车辆改道通行。

⑤除依法获批的不可解体的车辆外,隧道内禁止通行超重、超长、超宽车辆。隧道管养单位应与隧道辖区外 1 km 范围内的交警部门或车辆管理部门建立联动机制,及时捕捉超重、超长、超宽车辆的通行需求信息,及时调配值守岗位及管理人员于合理位置设置卡口,告知驾驶人员安全通行须知及行车要求后,安排巡逻车辆紧后跟随进入隧道,护送以上车辆安全通行。

⑥城市道路隧道车流量较大,机动车与非机动车、行人混行存在交通安全隐患,一旦发生事故或有突发状况,对于非机动车和行人来说,隧道疏散距离太长,不利于营救。隧道管理养护阶段需设置禁止行人(养护作业人员除外)及非机动车通行的禁令标牌,确保隧道通行安全。

⑦禁止通行其他影响或危及隧道安全通行的车辆。

4.6 隧道值守岗位管理

隧道的安保工作重点在于预防为主,从根本上说,要做到防患于未然,争取将各类安全隐患及不安全因素消灭在萌芽之中。重视预防工作,做好预防工作,是做好安保工作的前提。在"三防"之中,人力防范最为重要。合理管理隧道人防值守,才能更好地保障隧道的安全运营。

4.6.1 一般规定

①根据隧道规模大小(主要取决于隧道全长),合理设置岗亭并驻派值守人员。通常情况下,隧道两端洞口均须设置岗位,每个岗位至少需驻派 1 名值守人员,每个岗亭内需配备常用交通组织物资及消防安全物资。

②不同隧道应根据自身情况实行 24 h 工作制,合理安排值守轮岗班制,不间断进行安全巡查,再结合技防、物防措施,实现对隧道 24 h 安全运营管控。

③管养单位定期应组织全体值守人员参加安全教育培训,并组织值守人员

参与管养单位应急预案演练。管养单位可根据需求组织值守人员参加设施检查培训,提高设施检查常识,了解安全风险防控重点。

④管养单位内部至少需驻派 1 名内部协调人员负责对接协调外巡逻人员,及时收集汇总外巡情况、接收管养单位最新指示及分配安排其他工作任务。

4.6.2　岗位职责

①值守人员应及时制止禁行车辆及行人进入隧道,并配合管养单位完成车流疏导、交通组织、疏散逃生等工作。

②根据管养单位安排,值守人员定时步行巡逻检查隧道,随时关注日、夜间车辆通行情况,发现隧道内有交通事故、火灾或设施受损、盗窃等突发情况,及时准确传递信息,不得擅离职守、脱岗、漏岗。

③步行设施检查内容包含隧道内横通道、路面病害、隧道照明、风机、消防栓开闭合、隧道渗水、配电室(若有)周边。内部协调人员应根据设施巡查情况,将异常情况汇报管养单位人员。

④检查隧道洞口边坡、洞顶、绿化带、消防池等有无异常情况。降雨或极端天气后,应加强对以上区域的检查深度和频率。

⑤值守人员外出巡逻期间必须在岗亭外悬挂值班牌,留值班人员姓名及联系电话。每次完成巡逻后,应规范填写巡查记录表。

⑥在岗值守人员须统一规范着装,外出巡查时必须穿戴反光背心,配备安全防护用品。

⑦值守人员须管理好岗亭内配备的物资,定期做好岗亭内部清洁。岗亭内严禁违规搭电,严禁使用烤火炉,严禁堆放易燃易爆物品。

4.7　中控室职责及管理

4.7.1　工作职责

①服从值班经理的指挥及安排。

②在值班经理的领导下,当班期间具体对隧道内车行状况、通行环境和设施运行状况做全方位监控和录像取证。

③负责做好隧道情报板、车道指示器的调整。

④做好运营管理记录,负责各类事件信息收集、传递和上报。

⑤负责监控中心设备、环境的日常保洁工作。

⑥负责监控设备的检查及使用。

⑦遇突发事件,负责将事件情况上报110、120等强力部门。

4.7.2 日常管理

(1)交接班管理

准时进行交接班,当面交清设施运营监控情况,保证运行管理工作的连续性。

①交班人员交班前做好中控室保洁工作,告知接班人员设备运行状况,做好交接工作内容整理。

②接班人员准时到岗,整齐着工作服,做好交接班检查工作,确认无误后上岗作业并上报值班经理。

③出现以下情况时,不得进行交接班:

a. 正在发布指令或联络处理交通异常情况时;

b. 交接班时,设施设备发生故障;

c. 发现接班人员身体状况异常时;

d. 发生紧急事故,事故处理未告一段落;

e. 接班人员未正式办理交接手续,交班人员擅自离开工作岗位的。

(2)外来人员进入中控室管理

中控室是隧道管养的重中之重,除中控室当班人员及特定管理、维护人员可以出入中控室外,其余人员出入中控室一律实行登记制度。针对外来人员进入中控室,中控室当班人员应做好以下几点:

①通过门禁系统询问来访人员事由后,报告值班经理。

②出具相关介绍信等文件,中控室当班人员根据介绍信做好相关登记工作。

③接待外来人员时,当班工作人员必须规范用语、文明礼貌待人。

(3)施工作业情况管理

针对在隧道存在的施工作业情况,中控室当班人员应做到从一而终,全程管理,具体需做好以下几点:

①项目施工前与施工单位相关责任人做好沟通工作,询问具体施工内容及施工区域。若需占道作业,当班人员还需做好情报板与车道指示器的调整工作。

②记录施工项目名称、施工开始时间及结束时间。

③督促施工单位对其施工器械做好管理工作,要求堆放必须整齐。

涉及外来单位需在隧道作业,应报告值班经理,并做好相关备案工作。

4.8　工作车辆管理

4.8.1　工作车辆使月管理

(1)车辆的使用范围

工作车辆使用分为公务用车、安全巡查用车、应急用车、工程维护用车。

①公务用车:用于日常办公、会议、接待、安全检查、隧道维护等。

②安全巡查用车:用于设施日常巡查、安全检查等。

③应急用车:用于处置隧道管养单位管辖范围的突发事件。

④工程维护用车:用于隧道检测、维护以及设施设备检修等。

(2)车辆使用规定

①严禁动用二作车辆外出观光、旅游、休假;严禁将工作所属车辆停放在五星级酒店、高档会所、高档餐厅及娱乐场所停车场;严禁用单位车辆学习驾驶技术;严禁未经批准擅自驾驶公车;严禁将公车用于婚丧喜庆、探亲访友、度假休闲、接送亲友等非公务活动。

②车辆实行定点维修、定点加油、定点保险的原则,非特殊情况,未经车辆管理部门分管领导同意,对超标号油料费用、非定点的修理发票和车辆保险发票一律不予报销。

③所有车辆由车辆管理部门确定各车下班后的固定停车位置,不得擅自在外停放过夜,造成损失由用车驾驶员承担全部责任和经济损失,并追究相关责任人责任。车辆因公出车需在外停放时,必须停在安全、可靠的室内停车库或有人值守的室外停车场并收好停车票据。驾驶员应采取防盗措施关闭好门窗,带上车辆证件,确保车辆安全。

4.8.2 工作车辆维修管理

①隧道管养单位车辆统一在隧道管养单位定点修理厂进行维修保养,新购置车辆在质保期内到生产厂家指定维修点进行维修保养。定点维修厂须为二类及以上汽车维修企业。

②各车辆管理部门严格执行隧道管养单位车辆管理相关规定,负责做好本部门车辆检查、保养、维修和相关记录备案工作。严格审核车辆报修项目,督促落实本部门车辆检查及保养维修工作,严禁带病车上路行驶,保证车辆运行安全。

③车辆责任人按照维修手册、使用说明书及有关汽车维护技术要求,对责任车辆实行定期维护和保养,发现故障应当日报修,确保行车安全。

④车辆维修、保养由车辆责任人填写报修审批表,部(处)负责人核签,由隧道管养单位车管人员和车辆管理部门负责人复核后,到修理厂检查、报价,再由隧道管养单位车管人员复核登记,报总经办负责人审批同意,进修理厂维修。车辆修理中发现新增维修项目,报经车辆管理部门负责人审批后方可维修。

⑤车辆修理期间车辆责任人应到修理厂监督查看,督促修理厂保证质量,防止偷工减料。车辆更换的重要零配件由驾驶员带回隧道管养单位统一保存。车辆责任人负责办理进厂维修交接,维修结束后进行验收、接车工作。重大维修项目由车辆责任人与车辆管理部门相关人员共同验收。

4.8.3 车辆安全管理

①车辆管理部门或使用部门指定专人督促检查驾驶人员按规定做好车辆日、周、月检查工作,发现隐患及时整改,并做好记录。各车辆使用部门每月30日前填写车辆安全检查记录表(表4.8),次月4日前(节假日顺延)报送车辆管理部门。

表 4.8　车辆安全检查记录表

驾驶员：　　　车号：　　　车型：　　　公里数：　　　责任部门：

序号	项目	内容	合格	不合格	整改情况
1	制动系统	检查制动性能是否有效,制动液有无渗漏、缺少,以及相关配件是否有磨损			
		检查轮胎的磨损情况及气压,是否有损伤、裂纹、鼓包以及轮胎螺丝有无松动。若有,须及时更换或紧固,以免影响行驶安全			
2	电器系统	检查远近光灯、前后雾灯、刹车灯、倒车灯、牌照灯、转向灯、应急警告灯及各电器装置是否工作正常			
		检查仪表及警告指示灯是否正常,保证车辆正常运行			
		检查雨刮片工作是否正常,确保雨雪天气正常工作			
3	转向系统	检查转向是否正常,各管路有无渗漏,防止转向系统失灵,造成严重的安全后果			
4	发动机系统	保持发动机清洁,发动机怠速工作平稳、不抖不喘,转速稳定正常			
		检查发动机机油,及时更换三滤,防止长时间不更换达不到润滑的效果,最终导致发动机拉缸抱瓦,使发动机严重损坏			
		检查发电机皮带、水泵皮带、正时皮带、空调空压机皮带,以免途中皮带断裂			
5	冷却系统	检查水箱及各管路接头是否渗漏,水箱工作是否正常			

续表

序号	项目	内容	合格	不合格	整改情况
6	电池	检查电解液液量(不含免维护蓄电池),电极接线柱是否清洁,防止漏电或电量不足			
7	底盘系统	检查排挡是否工作正常			
		检查排气管是否破损,悬挂是否损伤、牢固,排气是否通畅、完好			
		检查离合器踏板行程,起步是否平稳,分离轴承有无异响,以便车辆运行平稳			
8	防盗消防	检查车门锁是否开关灵活有效,保证所乘人员的安全			
		检查灭火器是否正常,保证灭火器有效使用			

检查人:_____   被查人签字:_____   检查日期: 年   月   日

②车辆责任人负责责任车辆检查、记录工作,车辆使用部门车辆管理人员负责对每次检查情况进行复核并督促整改故障及隐患,车辆使用部门负责人每月对检查情况进行审核。对检查中发现的隐患以及隐患处置情况据实登记说明。

③检查时间:要求每日 9:00 进行日检查,每周星期五进行周检查,每月 30 日前进行月检查。

4.9　城市隧道运营环境管理

4.9.1　异物清除及淤积气体排放

由于城市隧道属于半封闭通行环境,其昼间照明度要低于室外自然照明度,驾驶员在进入隧道后会在短暂时间内形成视觉差异,如隧道道路上存在异物或隧道内淤积气体量大,将会形成安全隐患,对车辆的安全行驶造成较大影响。为了保障人民的生命财产安全,需做好异物清除及淤积气体排放。

①及时发现异物及气体淤积情况。视频监控室人员切实履职,通过隧道的视频监控及 CO/VI 监测仪,随时关注隧道内通行情况及气体淤积情况,发现道路存在异物立即通知环卫保洁人员进行处理。发现气体淤积程度较高,立即通过远程控制程序打开隧道内排风设施。不具备远程控制的,应通知维护科机电工程师到现场开启通风设施。

②环卫作业分为大面积清扫、日常保洁及应急清扫三类。大面积清扫以机具清扫为主,人工清扫为辅,需要占道实施,主要对隧道的标线、路缘石、装饰板、标志标牌等设施进行全方位清洁,时间原则上宜安排在每日 23:00 至次日 6:30,可根据实际交通量情况进行调整。日常保洁以人工局部清扫为主,不需要占道实施,主要在非大面积清扫时间段对车辆行驶过程中产生的小型垃圾进行清理。应急清扫主要对因道路突发事故产生的障碍物进行清理,清扫方式应根据障碍物的数量、大小确定。

③环卫保洁人员及时响应。每座长度不小于 1 000 m 的隧道宜设置一个专项保洁班组(每个班组环卫人员宜不少于 4 人),在隧道两端洞口设置休息室,并配备一台工作车,日常保洁按时按规开展。发生需要紧急出动事件时,环卫人员立即赶到现场进行处理。

④及时对外发布实时消息。如隧道道路上存在的异物、淤积气体已对过往车辆的通行造成严重影响,应通过隧道洞口的 LED 情报板向社会通报情况,告知驾驶员提前减速、避让。

4.9.2　照度检测及保持

城市隧道作为城市路网的重要组成部分,其交通流量远大于高速公路隧道,且时常出现淤积车辆,容易发生因尾气排放量较大造成隧道内照度降低或灯具功能失效的情况,对行车舒适度及安全性产生一定安全影响,需做好照度检测及保持工作。

①在日常巡查中,应随时关注照明灯具照明功能。如出现灯具丧失照明功能,宜在 2 日内完成维修或更换工作,保持隧道各段道路照度达标。

②宜以每周为周期,采用手持式照度仪对城市隧道内灯具照度进行检测,对照度不达标区域的原因进行综合分析,并采取相应措施进行修复。

③城市隧道应每年至少开展一次灯具清洁工作,去除灯罩表面浮尘及尾气油脂等辅助物,确保灯罩透光性满足要求。

4.10　联动机制

联动机制即多个部门联合起来,依照共同拟订的实施方案进行执法办案。在隧道运营管养过程中,一旦隧道出现火灾等重大突发事件时,隧道多系统配合、多部门协调成为保障隧道安全运营的重要因素。

(1)火灾报警系统联动

隧道一旦发生火灾,系统应能向中心计算机系统提供报警信息,并及时向消防队提供火灾报警信号;中控室监控系统自动转至相应区段的电视摄像机画面;值班人员确认火灾情况属实后,启动火灾联动预案;隧道风机按火灾排烟方案运转;控制信号灯亮红灯,禁止车辆驶入;汽车横通道门按预定方案自动运转;应急广播将按预先录制的内容自动播放疏散指挥,并强制启动所有应急照明。

(2)火灾突发事件预案处置建议

隧道一旦发生火灾,为尽可能把火灾控制在最小范围内,需组织三个梯队形式并配置有效灭火设备和设施。针对本消防系统,设置应急预案建议和流程如下(图4.4):

第一阶段,火灾初发,隧道内驾车人员和乘客为第一梯队,应该马上打开消火栓箱门,使用灭火器进行初步灭火,同时拨打"119"报警。

与此同时,中控值班人员通过火灾报警信号机视频监控对隧道内火灾情况进行确认,并启动火灾应急处理程序。值班人员马上向上级部门汇报并与消防队取得联系。同时,组织一部分人赶赴现场紧急处置,一部分人留守,进行隧道交通管制、信息发布。

第二阶段,火灾继续发展,隧道管理人员组成的兼职消防队为第二梯队,具备专门的消防技能,到达现场组织交通和疏散乘客紧急通道疏散,同时,使用隧道内的消火栓、水成膜泡沫灭火装置进行灭火。

与此同时,监控值班人员一方面出发紧急疏散程序,通过语音、信息发布屏、交通信号灯、卷帘门、风机等设施设备做出相应动作,进行隧道双方向的交通紧急疏散预案,进行风机火灾排烟预案程序;另一方面,值班人员应继续向上级部门和消防队汇报。

第三阶段,火灾演变成重大火灾,城市专业消防队作为第三梯队到达现场,使用隧道内外消火栓、水成膜泡沫灭火装置、消防车和消防队本身携带的其他专业消防设备进行强力灭火。

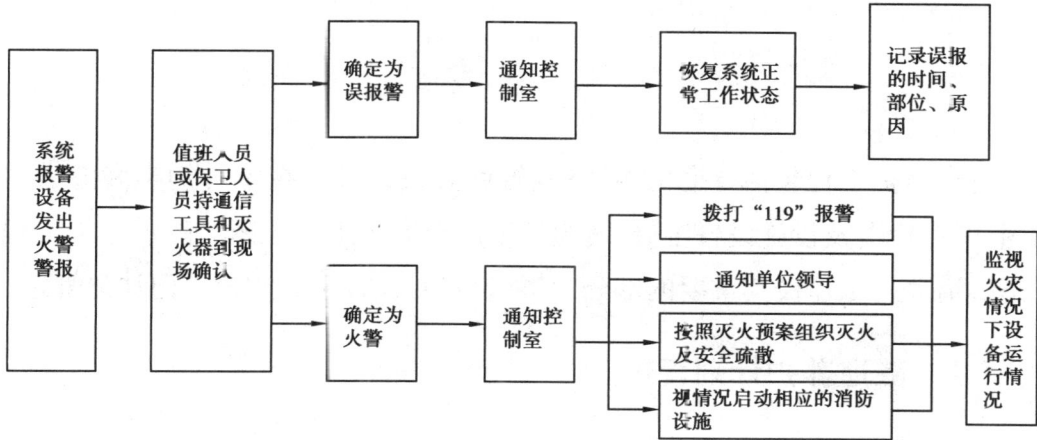

图4.4　消防控制室火灾事故紧急处理程序流程图

4.11　车辆异常停靠管理

建议部署视频监控智能分析系统对隧道路面已有监控设备的关键部位视频图像信号进行智能分析,包括拥堵检测、停车检测、逆行检测等交通事件行为自动识别并对监控区域的异常情况自动预警,推送实时视频流、图片等报警信息实现实时报警、历史记录查询等功能。当监控中心收到异常报警后,应关注停靠车辆是否存在异常状况(如失火、失控)。若停靠超过规定时间,应使用应急广播劝离或协助停靠车辆驶离隧道,避免发生事故。

5　城市隧道养护工程管理

隧道养护工程包括隧道检测评估、维修方案设计等技术咨询类和隧道维修加固、隧道机电及设施设备维修、隧道环境改善等施工类工程。隧道养护工程管理是隧道养护工作极其重要的部分，必须设置专业技术和质量部门加强管理。

5.1　隧道养护计划管理

5.1.1　隧道养护计划编制的原则

城市隧道养护计划编制的原则是"立足隧道安全运营，兼顾规范要求，科学编制"，每座隧道都应有中长期养护规划。规范要求需要严格执行，总体养护成本也应该控制。科学编制计划就是要求在满足规范的前提下，尽量减小养护成本和创造更多的社会效益。把握隧道使用寿命周期成本，要求隧道养护必须要有前瞻性和预见性，要用科学的观念、手段、方法来指导和推进城市隧道管养工作。

5.1.2　隧道养护计划编制的范围

①规范规定必须开展的城市隧道检测评估工作。

②按照规范要求必须开展的城市隧道维修工作。

③特殊情况下发生的城市隧道检测评估和维修工作。

④企业基于隧道安全运营养护成本最小化和其他因素开展的城市隧道维修工作。

隧道管养单位应该提前谋划，根据隧道建设情况、隧道交通流量、地理环境位置等隧道寿命影响因素制订隧道管养中、长期计划，通过长远规划，防治结合，尽量减小总体养护成本和对交通的影响。

5.1.3　城市隧道养护计划主要内容

城市隧道养护计划应主要包括项目名称、项目概况及必要性,项目主要工作内容、工程数量,项目实施主要工艺、方法,项目工程费用预算等。隧道维护维修计划应该由有经验的隧道管护人员进行编制,充分征求参建各方及有经验的施工单位的意见,形成主要实施方案并尽可能组织专家论证,查漏补缺,确保计划的可行性和实用性。

5.1.4　隧道养护计划编制要求

按照规范和制度要求,必须开展的周期性工作计划如下:

①管养单位宜在每年年底做好第二年的年度养护计划,包括城市隧道检测计划、城市隧道维护维修计划、隧道行车环境改善等。

②城市隧道检测计划:按照相关规范和本手册规定的检测任务,结合管理单位特殊需求进行编制。

③城市隧道维护维修计划:根据当年隧道检测资料和养护建议,结合管理单位实际情况,提出维护维修计划,需要请专业设计单位进行维修方案设计的,要将设计任务一并纳入计划中。城市隧道维护维修应从保障功能、消除安全隐患(包括结构耐久性)、隧道行车环境3个不同的层面,结合使用寿命周期成本和社会交通影响等因素进行综合考虑。

④城市隧道养护计划:应进行分类,以便于统计。如大的方面分为土建类、机电类、采购类和其他费用,土建类又包括涂装类、路面类、结构类等,机电类分强电类和弱电类,其他费用包括水费、电费等。

⑤维护计划的编制应做到有据可查、有规可依,经过相关部门的审核后方可实施。

⑥对于较大的专项维护项目,编制维护计划前应提前设计、论证专项维护方案,以便维护计划的准确性和资金申请。

⑦根据计划的实施情况,因突然要求或突发事故而制订的计划,可于下半年进行调整。

5.2 建设程序管理

城市隧道养护工程建设程序管理是确保养护工程项目依法依规顺利实施的重要保证，必须由相关部门加强管理。城市隧道养护工程根据工程规模可分为大型维护项目和一般维护项目。

5.2.1 大型维护项目

应参照相关法律法规规定的工程建设程序实施。建设程序主要包括以下步骤，步骤的顺序不能任意颠倒，但可以合理交叉。这些步骤的先后顺序如下：

①编制项目建议书。对建设项目的必要性和可行性进行初步研究，提出拟建项目的轮廓设想。

②开展可行性研究和编制设计任务书。具体论证和评价项目在技术和经济上是否可行，并对不同方案进行分析比较；可行性研究报告作为设计任务书（也称计划任务书）的附件。设计任务书对是否实施该项目、采取什么方案、选择什么建设地点作出决策。

③进行设计。从技术和经济上对拟建工程作出详尽规划。大中型项目一般采用两段设计，即初步设计与施工图设计。对于技术复杂的项目，可增加技术设计，按 3 个阶段进行。

④安排计划。可行性研究和初步设计送请有条件的工程咨询机构评估，经认可后报计划部门，经过综合平衡，列入年度基本建设计划。

⑤建设准备。包括水电接入、落实施工力量、组织物资订货和供应、办理施工许可，以及其他各项准备工作。

⑥组织施工。准备工作就绪后，提出开工报告，经过批准，即开工兴建；遵循施工程序，按照设计要求和施工技术验收规范进行施工安装。

⑦生产准备。生产性建设项目开始施工后，及时组织专门力量，有计划、有步骤地开展生产准备工作。

⑧验收投产。按照规定的标准和程序，对竣工工程进行验收（见基本建设工程竣工验收），编制竣工验收报告和竣工决算（见基本建设工程竣工决算），并办理固定资产交付生产使用的手续。对于小型建设项目，建设程序可以简化。

⑨项目后评价。项目完工后对整个项目的造价、工期、质量、安全等指标进行分析评价或与类似项目进行对比。

5.2.2　一般维护项目

①项目立项。根据检测评估报告,提出项目实施意见,报公司批准立项。

②项目设计。对于需要进行专项设计的项目,要从技术和经济上对拟建工程作出详尽规划。小项目可直接采用施工图设计,大中型项目一般采用两段设计,即初步设计与施工图设计。对于技术复杂的项目,可增加技术设计,按 3 个阶段进行。

③安排计划。对于完成设计的项目,根据施工图预算,报计划部门,经过综合平衡,列入年度基本建设计划。

④建设准备。包括落实施工力量、组织物资订货和供应、办理施工许可,以及其他各项准备工作。

⑤组织施工。准备工作就绪后,提出开工报告,经过批准,即开工建设;遵循施工程序,按照设计要求和施工技术验收规范进行施工安装。

⑥生产准备。生产性建设项目开始施工后,及时组织专门力量,有计划、有步骤地开展生产准备工作。

⑦验收投产。按照规定的标准和程序,对竣工工程进行验收(见基本建设工程竣工验收),编制竣工验收报告和竣工决算(见基本建设工程竣工决算),并办理固定资产交付生产使用的手续。对于小型建设项目,建设程序可以简化。

⑧项目后评价。项目完工后对整个项目的造价、工期、质量、安全等指标进行分析评价或与类似项目进行对比。

5.3　养护工程方案管理

对城市隧道检测评估报告中提出的隧道病害,隧道管理单位要按照规范要求及时进行养护维修。对于普遍、简单病害的处治,业主可视情况决定是否进行专项维修设计。

对业主决定主要请专业单位进行专项维修设计的,要做好以下管理工作:

①根据设计单位要求提交相关隧道竣工、维修加固、检测评估等资料。

②如所提交的资料不能满足设计要求,则需补充提交相关资料。补充资料的收集可由设计单位完成,也可外委其他专业机构完成。

③在设计实施阶段,与设计单位保持密切沟通,以便充分交流双方意愿,确保设计工作效率。

④设计文件审查。对设计单位提交的设计文件,要组织召开专家评审会,完整记录专家评审修改意见,督促设计单位修改完善。

⑤对照专家评审修改意见,验收设计文件并存档。

对业主决定不需要请专业单位进行专项维修设计的,相关部门必须自行拟订维修方案,明确工程部位、工程内容、工程数量、施工措施、维修技术要求和交通组织方案等重要内容。

5.4 招投标管理

商务部门按照审批后的技术要求或图纸进行预算编制,严格执行国家法律法规和公司规定,通过公开招标、比选等形式确定单位。城市隧道养护工程应在符合招投标的国家政策和管理单位制度的前提下,尽量围绕简化流程、缩短周期、保证质量、减小成本的指导思想进行。

5.4.1 招投标管理相关部门及职责分工

①商务部门:负责年度维护计划内的维护项目招(竞)标工作。组织编写、起草招(竞)标项目的招标文件、招标控制价,办理相关手续和整个招投标的管理工作。

②工程部门:负责招(竞)标维护项目设计方案、技术要求的编制及审核、项目前期相关手续等工作。

③法务审计部门:负责审查招(竞)标项目的招标文件、招标控制价,负责养护单位信息库日常管理。

④监督部门:党支部和纪检部门负责招(竞)标工作的全过程监督。

基于城市隧道养护项目的紧迫性和公开招投标程序的周期性特点,有关部门要精心组织项目招投标工作,确保工作效率。

5.4.2 招标原则

①按照有关招投标的国家政策和公司制度规定,必须进行公开招投标的城市隧道养护项目,要依法衣规开展项目招标、评标工作。

②按照有关招投标的国家政策和公司制度规定,可以不进行公开招投标的城市隧道养护项目,尽量采取邀请招标或竞争性比选或直接委托的方式开展项目招投标工作,以提高养护工作效率。除应急抢险和零星项目外,其余项目宜采用竞争性比选方式。针对一些需要立即实施,否则就会存在安全隐患的应急抢险项目和零星管养项目,责任部门宜通过养护单位信息库抽取实施单位。

5.4.3 招标程序

(1)公开招标投标项目的基本程序

隧道管养项目一般采用资格后审的公开招标方式,招标投标的基本程序须满足国家现行相关法律法规。

(2)竞争性比选的基本程序

根据维护项目投资大小,邀请3~5家符合隧道管养要求的承包商,对其发出邀请参加投标,同一合同段不得少于3家。竞争性比选的基本程序如下:

①招标人编制并审定竞争性比选文件和限价。

②委托有资质的咨询单位编制及审核限价报告。

③招标人发出比选邀请函。

④投标人递交投标文件,招标人进行公开开标。

⑤评标小组评标,评标小组编写评标报告、推荐中标候选人。

⑥招标人确定中标人,向中标人发出中标通知书。

⑦招标人与中标人订立合同。

5.4.4 招投标管理的记录和档案

按照有关规定,应对单位招标活动进行档案管理。工程招标投标档案资料应建立专门的工作案卷,包括招标记录、招标预算、招标文件、评标标准、投标文件、评标委员会名单、评标报告、合同文本、质疑答疑、投诉处理及其他有关文件、资料。

5.4.5　养护单位信息库管理

（1）养护单位信息库的建立

鉴于大部分维护项目工程量较小，存在大量设施应急抢险情况，为了更好保证隧道设施安全，隧道管养单位可根据具体情况建立养护单位信息库，分为设施维护工程、采购、服务、零星维护项目及应急抢险前期处置四大类。法审部门会同工程部门等相关部处进行入库资格评审，并按报名单位主要资质进行分类。

（2）养护单位入库基本资格要求

①具有独立承担民事责任的能力。

②具有良好的商业信誉和健全的财务会计制度。

③具有履行合同所必需的设备和专业技术能力。

④有依法缴纳税收和社会保障资金的良好记录。

⑤没有被相关行政主管部门暂停投标资格。若入库后，发现入库单位有被暂停投标资格，将取消其作为单位信息库中的备选人资格。

⑥报名截止日前两年内，人民法院判定犯行贿罪的，在其相关文件规定的期限内不得作为入库单位。若入库后，经查询发现入库单位或法定代表人有行贿犯罪事实的，将取消其作为单位信息库中的备选人资格。

⑦报名单位的经营范围和资质满足邀请函及养护单位信息库缺失专业的要求。

（3）养护单位信息库的管理

为落实招标比选程序，工程部门或公司相关部门按照职责分工根据项目规模、难度等确定施工单位或其他合作单位的资质要求，并报商务部门、法审部门复核，报工程部门分管领导和相关业务分管领导审批执行。设施维护工程类项目由工程部门会同商务部门等相关部处进行抽取。其他项目由承办部处会同商务部门等相关部处进行抽取。

①养护单位的抽取：

a. 根据设施维护工程类项目费用大小，由承办部处、经营部门等相关部处在法审部门的监督下抽取 3～5 家单位进行竞争性比选，根据竞争性比选结果确定合作单位及合同价格。

b. 如库内设施维护工程类备选单位不满足抽取数量要求,由承办部处和工程部门推荐业绩和能力与项目要求相符合、诚实经营的备选单位,并报公司决策后,参与抽取或竞争性比选。

②特殊情况下,不能采取竞争性比选或直接抽取的方式确定合作单位时,由承办部处报公司确定合作单位。合同费用应采用谈判方式确定,但不得高于可供参考的标准。费用谈判应形成谈判会议纪要作为决策依据。

③养护单位后评价。对养护单位信息库采取动态管理机制,法审部门会同相关部处定期或不定期对库内单位进行审查考核。项目承办部处根据养护单位在工程实施及质保阶段的真实表现,客观公正地填写××××项目养护单位综合评分表,并交工程部门及法审部门复核。每年末汇总算出各养护单位的平均分,平均分在 80 分(不含)以下的为不合格,移出养护单位信息库。

5.5 过程管理

5.5.1 施工技术管理

(1)对业主单位层面的城市隧道养护工程施工技术管理

①相关部门要组织相关人员认真仔细熟悉设计文件及相关技术标准、规范、规程,深入了解设计意图和熟悉实现方法,了解施工工艺、质量控制措施和质量检验、检测方法、指标等,便于顺利开展相关工作。

②组织开展设计技术交底工作。要组织业主单位、设计单位、施工单位、监理单位等参建各方开展设计技术交底工作,设计单位应详细阐述设计文件重要内容,对其他参建各方提出的问题,要详细解答;对未尽事宜,要通过补充设计文件或会议纪要等方式予以明示。

③收集竣工文件,存档。

(2)对施工单位层面的城市隧道养护工程施工技术管理

①督促承包人编制施工方案。承包人进场前要编制项目施工组织设计,必要时还应编制交通组织方案,经承包人审查签字完善后上报。施工方案主要内容有工程概况、实施原因、施工技术要求及指标、施工工序及工艺、材料技术指

标、质量标准及要求、工程量、工期要求、工程档案要求、安全文明施工要求、安全技术措施是否完整、可行及方案计算书和验算依据是否符合有关标准规范、施工的基本条件是否满足现场实际情况等内容，同时包含技术方案的合理性、科学性、经济性、可行性及新材料、新设备、新工艺、新技术的运用等内容。满足危大工程条件的还要编制专项方案，按照有关规范执行。

②施工方案审批。对承包人上报的施工方案，业主单位或监理单位（如果有）要组织审查，满足要求后应及时签批，便于后续工作实施。

a. 一般性施工方案由公司技术方案审查小组负责审批，组员由城市隧道养管部门、技术管理部门的相关工程技术人员等组成。

b. 专项施工方案由公司相关部门组织专家评审会进行审批，公司技术方案审查小组参与审查。专家组由有资格且具有隧道建设及养护经验的专家担任。

c. 施工方案的审批流程及内容如下：

• 初审由方案起草单位技术负责人负责审核。

• 复审由公司技术方案审查小组（一般性施工方案）或专家评审会（针对专项方案）。

d. 施工方案经施工单位技术负责人、项目总监理工程师、隧道管养单位项目负责人签字后，方可组织实施。

③负责组织对施工单位进行项目安全技术交底。主要内容如下：

a. 项目的施工作业特点和危险点；

b. 整个施工过程中各分部分项工程、特殊和隐蔽工程以及采用新工艺、新技术、新设备、新材料及易发生安全事故的部位；

c. 针对危险点的具体预防措施；

d. 应注意的安全事项；

e. 相应的安全操作规程和标准；

f. 发生事故后应及时采取的避难和急救措施。

④负责对施工单位提出的技术问题做出响应。

⑤督促施工单位编制竣工文件并审验。

5.5.2　城市隧道养护质量管理

（1）质量管理的机制和人员

①隧道维护维修质量管理应该由专门的机构或部门进行管理,人员应该有丰富的隧道养护管理经验或隧道施工经验。

②对于实行监理的工程,建设单位应当委托具有相应资质等级的工程监理单位进行监理,也可以委托具有工程监理相应资质等级且与被监理工程的施工承包单位没有隶属关系或其他利害关系的该工程的设计单位进行监理。同时,业主单位应对现场进行必要的检查、巡查和监督,确保质量管理体系到位。

③业主单位养护质量管理人员或监理人员要督促承包人成立项目部和质量管理机构,检查机构成员构成情况是否满足合同要求,检查质量管理制度是否健全。

（2）施工前质量管理

①对所有的合同和技术文件、报告进行详细的审阅,如图纸是否完备,有无错漏空缺,各个设计文件之间有无矛盾之处,技术标准是否齐全等。除合同以外,应该重点审查的技术文件主要包括以下内容:

a. 审核施工方案、施工组织设计和技术措施;

b. 审核有关材料、半成品的质量检验报告;

c. 审核设计变更、图纸修改和技术核定书;

d. 审核有关应用新工艺、新材料、新技术、新结构的技术鉴定书。

②配备检测实验手段、设备和仪器,审查合同中关于检验的方法、标准、次数和取样的规定。

③做好设计技术交底,明确工程各个部分的质量要求。

④准备好监理、质量管理表格。

⑤审核开工报告,并经现场核实、签批。

（3）施工中质量管理

①工序质量控制:

a. 确定工程质量控制的流程;

b. 主动控制工序活动条件,主要指影响工序质量的因素;

c. 及时检查工序质量,提出对后续工作的要求和措施。

② 设置质量控制要点:

a. 对技术要求高、施工难度大的某个工序或环节,设置技术和监理的重点,重点控制操作人员、材料、设备、施工工艺等;

b. 针对质量通病或容易产生不合格产品的工序,提前制订有效的措施,重点控制;

c. 对新工艺、新材料、新技术也需要特别引起重视。

③ 严格质量检查:

a. 作业人员检查,包括操作者的自检、班组内互检、各个工序之间的交接检查;

b. 施工员的检查和质检员的巡视检查;

c. 监理和政府质检部门的检查,具体包括以下内容:

- 装饰材料、半成品、构配件、设备的质量检查,并检查相应的合格证、质量保证书和实验报告;
- 分项工程施工前的预检;
- 施工操作质量检查、隐蔽工程的质量检查;
- 分项分部工程的质检验收;
- 单位工程的质检验收;
- 成品保护质量检查。

5.5.3 安全环保管理

1)安全管理机制及人员

① 隧道维护维修安全管理应该由专门的机构或部门进行管理,人员应该有丰富的隧道养护安全管理经验。

② 对于实行监理的工程,建设单位应当委托具有相应资质等级的工程监理单位进行监理;同时,业主单位应对现场进行必要的检查、巡查和监督,确保安全管理体系到位。

③ 业主单位养护安全管理人员或监理人员要督促承包人成立项目部和安全管理机构,检查机构成员构成情况是否满足合同要求,检查安全管理制度是否健全。

2）施工安全技术交底

①城市隧道管养项目负责人在生产作业前对直接生产作业人员进行该作业的安全操作规程和注意事项的培训，并通过书面文件方式予以确认。

②建设项目中，施工单位应落实三级交底制度，向有关人员进行安全技术交底。

③安全技术交底工作完毕后，所有参加交底的人员必须履行签字手续，并记录存档。

3）施工安全检查

（1）安全检查的内容与分类

①定期安全检查是指公司明文规定的，有固定的检查时间、检查人员、检查方法、检查依据等的安全检查。主要检查内容包括以下方面：单位（含分包单位）具备安全生产条件、持有安全生产许可证、职业健康安全管理体系运行情况；安全生产监管组织机构设置、专职安监人员配备情况；安全生产责任制、安全生产各项规章制度建立和实施情况；"三类人员"（企业主要负责人、项目负责人、专职安监人员）取得安全生产考核合格证书和作业人员安全教育、特种作业人员持证上岗情况；安全生产费用规范提取和使用情况；在建工程项目办理施工许可、安全生产报监手续、作业人员意外伤害保险和施工人员个人劳动保护用品使用管理情况；危险性较大工程的专项施工方案编制、审核、论证、审批、交底、实施及该工程验收情况；公司及上级单位的安全管理规章制度、标准化图册贯彻执行情况；维护工程安全生产事故隐患（包括基坑支护、脚手架、模板支架、安全防护、临时用电、大型设备、起重吊装、小型机具、施工消防等），以及施工现场违章指挥、违规作业及违反劳动纪律情况；施工安全日志和城市隧道管理与养护施工安全监督巡查记录填写情况，安全生产监督检查情况，对检查发现的施工现场安全生产事故隐患的整改情况；建立安全生产应急体系与能力保障、编制应急预案和演练情况；及时、如实报告生产安全事故和事故查处情况。

②不定期安全检查是指不固定检查时间，由各职能部门和各级管理人员按照公司安全生产责任制要求，在其工作职责范围内，根据生产需要随时开展的安全检查。

③季节性安全检查是指针对气候特点(如雨季、夏季、冬季、风季等)可能给施工生产带来危害而组织的安全检查,具体分为春季、夏季、秋季、冬季、雨季和风季安全检查。春季和雨季安全检查以防雷、防坠落、防触电、防坍塌为重点。夏季安全检查以防暑降温、防坠落、防触电、防台风、防洪涝为重点。秋季安全检查以防火、防爆、安全防护设施为重点。冬季安全检查以防冻、防滑、防坠落、防煤气中毒为重点。风季安全检查以防火、防坠落、防倒塌为重点。

④安全综合检查是指由单位、项目主要负责人定期组织相关职能部门共同开展的综合性安全检查。

⑤专业性安全检查是指各级职能部门分别针对安全防护设施、机械设备、临时施工用电、危险化学品、消防保卫、后勤卫生、交通和安全教育培训等开展的专项安全检查。

(2)施工单位项目安全检查

①项目部每周定期组织开展一次安全综合检查,由项目经理带队,项目生产经理、总工程师、安监负责人、责任工程师、分包单位负责人等主要管理人员参加,对项目生产、办公、生活区域进行拉网式安全综合检查。

②项目经理要坚持到施工现场进行带班生产,组织协调工程项目的质量安全生产活动。项目经理部应建立现场负责人带班管理办法,确定排班计划并进行现场公示,带班管理应有带班记录和交接班记录。项目的带班管理办法应符合公司、工程局及总公司等相关管理规定。带班项目负责人因其他事务需离开施工现场时,应向项目建设单位请假,经批准后方可离开。离开期间应委托项目其他负责人负责其外出时的日常工作,办理交接手续并记录。

③项目安监负责人负责组织项目部和分包单位有关人员进行每日安全监督检查。

④项目专职安全员负责每日对本责任作业场所进行安全监督检查。施工作业班组兼职安全员负责每日对本班组的作业场所进行安全监督检查。

⑤项目部要安排专人负责对大型机械设备、附着升降脚手架、深基坑、地下暗挖、高大模板、大型吊装、拆除、爆破、高大脚手架等危险性较大的项目进行旁站监督,及时发现并消除事故隐患。项目安监部门对出现的重大安全隐患和紧急情况有权下达局部停工整改令。

4）安全验收管理

①项目部要建立安全防护用具、设施设备验收管理制度。

②项目自有、租赁、分包单位自带以及现场实施的安全防护用具、设施和设备必须严格执行验收制度。安全防护用具、设施设备未经验收或验收不合格，严禁使用。

③经专家论证的超过一定规模的危险性较大工程，由项目部组织具体验收工作，上级单位相关部门参与验收。

5）危险作业管理

①项目部要建立危险作业审批核准制度，主要指高空、涉电、动火等危险作业。危险作业不具备安全生产条件时，严禁施工。

②项目进行危险作业时，工区或作业面工程师（责任工程师）要向项目部安监部门提出作业申请，经批准后方可实施。项目安监部门对危险作业活动连续监控，作业完成后进行考核。

③危险作业范围依据《危险性较大的分部分项工程安全管理办法》（建办质〔2018〕31号）规定执行。

④作业面工程师在工序开始至少前1天提出申请，填写危险作业申请→项目安全总监（主管）审核其防范措施→批准→巡查→考核→归档。

⑤项目安全总监（主管）审核危险作业，核准施工条件包括方案编制及审核审批论证情况、技术交底、安全技术交底、实体防护、作业人员职业健康劳保防护用品配备情况、安全物资验收情况、施工机具设备安全装置及验收情况、特种作业人员配置及持证情况、警戒区设置及标识标牌、监护人配备情况、作业区周边环境、相关单位相关资质。

6）安全生产事故隐患治理与整改反馈

①安全生产事故隐患是指违反安全生产法律、法规、规章、标准、规程和安全生产管理制度的规定，或因其他因素在施工生产活动中存在可能导致事故发生的物的危险状态、人的不安全行为和管理上的缺陷。

②检查人员对存在安全生产事故隐患的单位，下达安全隐患整改通知书或安全隐患局部停工整改令。

③受检单位应建立安全生产事故隐患台账,定人、定时间、定措施进行整改。

④安全生产事故隐患治理要求:隐患公示→问责处罚→挂牌督办→跟踪治理→逐项销号→举一反三。

⑤受检单位对隐患治理整改情况要及时反馈,复查督办工作由上级单位分管安全生产的领导负责,安监部门承办。

⑥根据安全生产监督检查的结果,必要时在一定范围通报,按照规定对有关单位和人员给予奖罚。

7)职业健康管理

①承包人应按照法律规定安排现场施工人员的劳动和休息时间,保障劳动者的休息时间,并支付合理的报酬和费用。承包人应依法为其履行合同所雇用的人员办理必要的证件、许可、保险和注册等。承包人应督促其分包人为分包人所雇用的人员办理必要的证件、许可、保险和注册等。

②承包人应按照法律规定保障现场施工人员的劳动安全,并提供劳动保护,并应按国家有关劳动保护的规定,采取有效的防止粉尘、降低噪声、控制有害气体和保障高温、高寒、高空作业安全等劳动保护措施。承包人雇佣人员在施工中受到伤害的,承包人应立即采取有效措施进行抢救和治疗。

③承包人应按法律规定安排工作时间,保证其雇佣人员享有休息和休假的权利。因工程施工的特殊需要占用休假日或延长工作时间的,应不超过法律规定的限度,并按法律规定给予补休或付酬。

④承包人应为其履行合同所雇用的人员提供必要的膳宿条件和生活环境。承包人应采取有效措施预防传染病,保证施工人员的健康,并定期对施工现场、施工人员生活基地和工程进行防疫、卫生的专业检查、处理。在远离城镇的施工场地,还应配备必要的伤病防治和急救的医务人员与医疗设施。

8)环境保护

①在维护项目施工过程中,应敦促施工单位在施工组织设计中列明环境保护的具体措施。在合同履行期间,承包人应采取合理措施保护施工现场环境。对施工作业过程中可能引起的扬尘、大气、水、噪声以及固体废物污染采取具体可行的防范措施。

②敦促应当承担因承包人原因引起的环境污染侵权损害赔偿责任。因上述

环境污染引起纠纷而导致暂停施工的,由此增加的费用和(或)延误的工期由承包人承担。

5.5.4 进度管理

①进度管理作为工程控制的关键点,是参建各方都必须努力实现的。

②在项目立项阶段和技术要求阶段,隧道管养单位要充分论证进度目标是否合理;在实施阶段,工程技术部门要严格按照进度方案检查考核,宜按项目长短进行周、月、季度检查。当进度目标有偏差时,及时采取措施进行修正。

③施工单位作为进度管理的关键一方,应充分考虑项目的实施难度,合理调配工、料、机资源,合理安排工期。

5.5.5 合同及变更管理

①合同的签订应严格按照国家相关法律法规和招投标程序进行。

②合同是参建各方履行权利和义务的依据,参建各方应熟知合同内容,本着诚实守信、合作共赢的原则严格执行。

③隧道管养单位商务部门应做好合同分析和解释,在交底阶段和实施阶段对有争议的内容进行解答。工程部门和施工单位应严格按照合同进行分解、落实。

④出现变更时,应按照国家法律法规和公司相关规定进行变更程序。一般由施工单位或设计单位提出变更方案和概算,经建设单位和监理单位(如果有)审核后,再进行变更实施,严禁出现"先实施再变更"的情况。

5.6 竣工验收管理

5.6.1 验收的依据

验收的依据主要包括上级主管部门对该项目批准的各种文件:
①可行性研究报告、初步设计文件及批复文件。
②施工图设计文件及设计变更洽商记录。
③国家颁布的各种标准和现行的施工质量验收规范。
④工程承包合同文件。
⑤技术设备说明书。

⑥关于工程竣工验收的其他规定。

5.6.2 维护项目的验收条件

维护项目的验收条件指完成了工程设计和合同约定的各项内容。

①施工单位对竣工工程质量进行了自检,确认工程质量符合有关法律、法规和工程建设强制性标准,符合设计文件及合同要求,并提出工程竣工报告。该报告应经总监理工程师(针对有委托监理的项目)或城市隧道管养单位项目负责人(针对无委托监理的项目)、项目经理和施工单位有关负责人审核签字。

②有完整的技术档案和施工管理资料。

③建设行政主管部门及委托的工程质量监督机构等有关部门责令整改的问题全部整改完毕(如涉及则须有)。

④对于委托监理的工程项目,具有完整的监理资料、监理单位提出的工程质量评估报告。该报告应经总监理工程师和监理单位有关负责人审核签字。未委托监理的工程项目,工程质量评估报告由城市隧道管养单位完成。

⑤对勘察、设计单位的勘察、设计文件及施工过程中由设计单位签署的设计变更通知书进行检查,并提出质量检查报告。该报告应经该项目勘察、设计负责人和各自单位有关负责人审核签字(如涉及则须有)。

⑥有规划、消防、环保等部门出具的验收认可文件(如涉及则须有)。

⑦有城市隧道管养单位与施工单位签署的工程质量保修书。

⑧有工程使用的主要材料、构配件和设备的进场试验报告(如涉及则须有),以及工程质量检测和功能性试验资料(如涉及则须有)。

⑨法律法规规定的其他条件。

5.6.3 验收职责和程序

①由城市隧道管养单位负责组织竣工验收小组。验收组组长由城市隧道管养单位法人代表或其委托的负责人担任。验收组成员由城市隧道管养单位上级主管部门或质量监督部门、城市隧道管养单位项目负责人、城市隧道管养单位项目现场管理人员及勘察、设计、施工、监理单位的技术负责人或质量负责人组成,城市隧道管养单位也可邀请有关专家参加验收小组。

②验收委员会或验收组负责审查工程建设的各个环节,听取各有关单位的工作报告,审阅工程档案资料并实地察验建筑工程和设备安装情况,并对工程设计、施工和设备质量等方面作出全面的评价。不合格的工程不予验收;对遗留问题提出具体解决意见,限期落实完成。

③工程完工并对存在的质量问题整改完毕后,施工单位向城市隧道管养单位提交竣工报告,申请竣工验收。对于实行监理的工程,工程竣工报告需经总监理工程师签署意见。

④城市隧道管养单位收到工程竣工验收报告后,对符合竣工验收要求的工程组建验收小组,制订验收方案。对于重大工程和技术复杂的工程,根据需要可邀请有关专家参加验收小组。

⑤城市隧道管养单位应当在工程竣工验收7个工作日前将验收的时间、地点及验收组名单书面通知负责监督该工程的工程质量监督机构(针对报建项目或专项项目)。

⑥城市隧道管养单位组织工程竣工验收会,验收组人员签署工程竣工验收意见。

5.6.4 验收的其他规定

①工程竣工验收合格后,城市隧道管养单位应及时提出工程验收报告。竣工验收报告应包含工程概况、城市隧道管养单位执行基本建设程序的情况、对该工程各参建单位的评价、施工许可证(如有则须提供)、施工图设计文件审查意见(如有则须提供),以及工程竣工验收时间、程序、内容和组织形式及其工程竣工验收意见等内容。

②城市隧道管养单位应当自建设工程竣工验收合格之日起15日内向工程所在地的县级以上地方人民政府建设主管部门备案(针对新建项目、报建项目、专项项目)。

③城市隧道养护工程管理人员要加强养护维修工程在缺陷责任期内的质量检查。如发现存在质量缺陷,及时报告;如属于施工单位的责任,及时通知相关人员进行维修处治。

5.7 城市隧道养护工程档案管理

5.7.1 竣工资料归档要求

①递件单位提供的工程资料(工程技术文件、来文、图纸、资料)由资料员统一接收。

②带回或通过其他途径收到的工程文件,一律交资料员,并应登记。

③对接收的工程资料,必须进行数量和外观质量检查,发现问题应及时通知寄发单位补发。

④对接收的工程资料,应及时建立工程资料接收总登记台账和分类台账。

⑤对各单位提供的不符合规定的档案资料文件,资料室有权退回归档单位。归档单位应按资料室的有关要求进行整改,直至提交符合规定要求的归档资料。

⑥凡因工程文件材料归档不完整、不符合有关归档规定者,不能进行工程决算、工程款支付。各项工程款的付款必须由资料室对竣工资料签收合格后支付。

⑦工程档案在工程项目竣工验收后一个半月内由施工单位向建设单位提交完整、准确、并经各参建方有关负责人签章的工程技术档案资料。

⑧凡归档的文件材料,如不符合有关规定和标准,资料员有权不接收。

5.7.2 技术资料档案管理

①及时将收集的资料、图纸等整理分类、编写目录,装订成册。在保管过程中,严格遵守档案接收、查阅、出借、归还的登记制度。

②归档的资料要完整、系统、准确。

③资料按类别存放,在相应的档案盒贴上标签。

④做好资料的"防火、防盗、防潮、防尘"工作,档案柜必须加锁。

⑤保存的工程资料每半年清理核对一次,如有遗失、损毁,要查明原因,及时处理。

6 城市隧道运营安全应急管理

6.1 应急预案编制概况

（1）编制目的

为了快速、及时处置隧道可能出现的重大安全风险,建立统一、规范、科学、高效的应急指挥体系,形成分工明确、责任到人、常备不懈的应急处置保障体系,保障公众生命财产安全、设备设施安全及交通安全,维护正常的工作秩序,最大限度地减少人员伤亡和财产损失,确保应急救援工作的顺利进行,结合实际,制订应急预案。

（2）工作原则

依照"以人为本、预防为主、统一领导、分级负责"的原则,高度重视公共安全工作,常抓不懈,防患于未然。管养单位做好应急处置的组织、领导和准备工作,建立和完善安全风险应急机制,整合现有应急资源,建立健全预测预警体系,提高应急管理和处置能力,快捷、高效、科学地处置事件造成的灾难。

（3）编制依据

依据《中华人民共和国突发事件应对法》《中华人民共和国安全生产法》《国家安全生产事故灾难应急预案》《生产经营单位安全生产事故应急预案编制导则》《重庆市生产安全事故应急预案管理办法实施细则》《重庆市突发事件风险管理操作指南(试行)》《重庆市突发公共事件总体应急预案》以及管养单位《突发事件应急处置预案》等制订预案。

（4）预案体系

预案体系从总体上阐述安全风险发生时的应急方针、政策,应急组织机构及职责,预防和预警机制、应急响应程序、应急处置、善后处置、培训和演习等基本要求和程序,是应对各类安全风险的综合性文件。

6.2 应急组织机构及职责

1）组织机构

设立应急中心指挥组,指挥组下设办公室和四个应急处置领导小组。

2）应急中心指挥组职责

①负责统一组织、协调、部署应急预案的实施工作及紧急处理措施。

②发布启动安全风险应急处置预案的命令;研究解决安全风险处置过程中的重大问题。

③根据安全风险的性质和实际情况,迅速制订或调整抢险救援方案。

④及时向上级和有关部门报告安全风险处置进展情况。

⑤协调市区相关职能部门,共同处理安全风险。

⑥配合有关部门组织做好安全风险事故的调查处理工作。

⑦组织做好稳定生产秩序和伤亡人员善后处理和对家属的安抚工作。

⑧组长因公不在的情况下,由副组长全权指挥。

3）应急中心指挥组办公室职责

①应急中心指挥组办公室是管养单位应急指挥组的日常办事机构。

②负责应急准备、信息的报送、组织协调上级和各相关部门应急处置工作,联络各职能部门开展工作。

③负责应急工作的物质储备、管理和发放。

④负责与外界相关媒体的渠道沟通,正确引导公众舆论。

4）应急处置小组职责

①现场处置救援组:负责组织本小组成员,及时赶赴现场,展开抢险救援工作;抢救伤员、全力排除险情、控制事态不良发展,将人员伤亡、财产损失减少到最小,并随时将突发事件的发展趋势以及采取的对策和措施报告管养单位中心指挥组。

②现场安全保卫组：负责组织本小组成员，及时赶赴现场，指挥现场安全保卫工作；设置事故现场警戒区，疏散危险区域的行人和车辆、封闭交通，同时加强重点要害部位守护，防止可疑人员破坏设施，对肇事嫌疑人实施监控；必要时调动预案相应单位组织安保人员现场救急，并随时将突发事件的发展趋势以及采取的对策和措施报告中心指挥组办公室。

③现场勘查组：配合相关部门进行实地勘察取证工作，为有关部门提供物证；协助相关部门从专业角度提出事故的成因；提供工程抢险所需的相关资料；随时报告工程出现的各种问题。

④后勤保障组：根据现场发展的需要，及时调运管养单位及其他管理处储备的抢险物资，联系预案响应单位，调用抢险物资、工程机械和机具，为事发现场处置工作提供有效的物资保障。

5）应急中心指挥组组长和各处置小组组长岗位职责

（1）中心指挥组组长职责

负责对重大突发事件的全权决定和处理；根据现场危险等级、潜在后果等决定预案的启动；事件超出处置能力时，向上级应急机构提出救援申请；负责或授权发布应急预案启动、解除、升降级命令和应急处理，接受上级应急部门的相关命令。副组长协助组长做好应急处置工作，组长不在位的情况下，由副组长全权负责处置指挥。

（2）中心处置救援小组组长职责

①现场处置救援小组长：负责对事故现场的协调和指挥和救援处置工作；向组长及上级相关部门提出应急程序和行动建议；完成现场应急处理和救援任务。副组长全力协助组长开展现场处置救援处置工作，组长不在位的情况下，由副组长全权负责处置指挥。

②现场安全保卫小组长：负责事故现场的保护，设置安全警戒线，积极协助交警做好交通疏导，疏散围观人群，严禁闲杂人员进入事故现场。

③现场勘查小组组长：负责对事发现场进行勘察取证、摄像，对事发现场有无潜在和次生事故进行分析评估，对重要设施后期修复提供技术保障。

④后勤保障小组长：负责做好现场所需的人、财、物等的协调，对所需的机具设备、施工队伍进行联系、协调。

6) 应急组织机构框架

管理单位在管理过程中可能发生的突发事件类型及相应处置措施见表 6.1。

表 6.1　突发事件处置表

序号	事件类型	处置措施
1	治安事件（含群体闹事事件）	①立即赶赴现场（如事态轻微，无人伤亡或财产损失，自行处理）； ②（如事态严重）立即报警； ③隔离和劝散围观人员，保持通道畅通； ④配合调查，现场取证； ⑤倾听民意，疏导群众； ⑥对事故受伤人员施救； ⑦清理现场，恢复秩序
2	交通事故（人员伤亡、设施损坏）	①立即报警并报告责任部处，并通知有关部处人员赶赴现场； ②配合交警视情况疏散人员，隔离围观群众； ③现场取证并填写车祸事故情况登记表，事故当事人签字； ④配合医务人员对事故伤亡人员分别施救和处理； ⑤将机动车移至不妨碍交通的地点； ⑥根据损毁设施的不同权属，通知道路、隧道、供电、通信等有关部门及时处理； ⑦初步评估出车祸对设施影响程度的初步结果，及时办理索赔事宜； ⑧车祸事故造成的设施修复，在赔偿金额能够自行平衡的情况下，原则上按车祸赔偿合同走流程报批；如果车祸事故造成了较大的设施损毁或严重安全隐患，按《运营抢险工程管理办法》执行； ⑨实施临时抢险，以恢复交通； ⑩后期对现场设施损毁进行修复
3	运输易燃易爆、危化品车辆滞留或发生泄漏	①立即向管养单位领导报告和报警，对车辆进行监控； ②配合公安机关封锁现场，疏散人员，保证救援车辆进入； ③配合环保部门对危险化学品事故现场的应急环境监测； ④敦促公安、消防等单位尽快处理，直到全部转移到安全地方为止； ⑤配合环保、消防部门实施现场清理，以消除隐患

序号	事件类型	处置措施
4	地震、自然灾害等不可抗力事件	①立即赶赴现场； ②配合应急办、公安等相关部门,组织营救被困群众和受伤人员； ③做好安抚工作,发动群众自救互救； ④配合医疗救助和卫生防疫； ⑤协助调集所需物资； ⑥组织力量对管辖范围的设施进行检查,开展应急抢险,帮助尽快恢复生产和生活秩序;察看设施受损情况,并组织有关专家对隧道的技术状况进行评估;根据现场设施受损的严重程度,协助强力部门采取封闭交通等措施； ⑦对存在安全隐患的设施,应采取临时抢险措施,设置警示标志
5	车辆事故造成大面积漏油	①立即赶赴现场； ②组织疏散和营救被困群众和受伤人员； ③配合交警、消防部门清除现场油污,以消除隐患
6	洞口边坡发生垮塌	①立即赶赴现场； ②配合市区应急部门及公安、消防、市政或土地房管组织疏散和营救被困群众和受伤人员； ③积极配合强力部门清除障碍； ④共同会商,对隧道损失情况进行评定； ⑤组织应急抢险
7	恐怖分子从事破坏活动	①立即赶赴现场； ②配合公安和应急部门迅速封锁现场和要道,维护治安和交通秩序； ③营救受伤人员； ④尽快查明情况,以防事态发展； ⑤全力抢险,以消除隐患； ⑥协助开展缉捕行动； ⑦加强防范控制,加大巡逻守护力度

续表

序号	事件类型	处置措施
8	隧道内车辆发生自燃或车辆事故损坏重要设施	①立即赶赴现场,组织疏散和营救被困群众和受伤人员; ②配合交警、消防部门实施交通管制,全力灭火; ③配合交警、消防部门在大火扑灭后移动事故车辆并进行清障; ④对隧道损坏情况进行评定; ⑤根据损毁设施的不同权属,通知供电、通信等有关部门及时处理; ⑥实施抢险,恢复交通
9	施工现场发生重大人员伤亡事故	①第一时间赶赴现场,立即停止事故现场周边的作业并启动生产安全事故应急预案; ②作好现场保护工作; ③配合市区安监、公安、卫生等部门对伤亡人员进行救治和处理; ④配合调集应急队伍进入现场,采取有效措施控制事态
10	隧道供配电设施发生火灾	①要求供配电室人员第一时间切断电源,如火势较大,无法切断电源时,通知上一级变配电所切断电源; ②第一时间赶赴现场处理; ③如火势较大应急队伍无法控制,迅速通知消防部门处置,再通知电力等部门到场处理; ④配合消防、电力部门实施灭火、修复等工作
11	隧道发生垮塌	①第一时间赶赴现场查看情况; ②组织营救被困人员; ③通知公安、市政、国土、电力、通信等部门到场处理; ④视情况配合交警采取封路、交通管制等措施; ⑤将情况及时告知租赁和回购方业主,要求对方立即整改,并在事后检查落实情况,调集力量实施临时紧急抢险,尽快恢复交通
12	隧道停电	①及时联系供电部门外部救援电话,了解停电原因和大致来电时间; ②按要求设置临时警告标志、限速标志,提醒过往车辆减速缓行; ③加大巡查力度,严防隧道内各类突发事故; ④如隧道内发生突发事故或堵车、拥挤等状况,配合交警做好交通管制和疏导工作

6.3 善后处置

（1）一般事项

①配合市或区相关部门,对事件进行调查处理。

②对损坏的设备设施,应尽快编制维修计划,按申报流程修复完善。

③如果事件造成管养单位人员伤亡和财产损失,按照有关政策,尽快给予善后安抚和赔付。

（2）调查与评估

对突发事件的起因、影响、责任、经验教训和恢复重建等问题按照"四不放过"原则（事故原因没有查清不放过、事故责任者没有严肃处理不放过、广大群众没有受到教育不放过、防范措施没有落实不放过）进行调查评估和处理。

（3）实施修复

根据事故造成的损失拟订修复计划,报管养单位领导批准后组织实施修复工作。

（4）做好后续报告

根据事件处置情况,做好向上级有关部门的后续报告工作,也应当向员工发布简要信息和应对防范措施等。

6.4 培训和演习

①管养单位各部处要根据管养单位制定的"突发事件应急预案"的相关要求,制订相应的应急预案,储备相应的应急物资,组织本部处全体人员开展学习培训,熟悉实施预案的工作程序和工作要求,确保每个岗位在重大事故发生时知道该做什么和该怎么做,做好实施预案的各项准备工作。

②管养单位每年落实专项资金作为应急预案演练经费,各部处每年组织开展一次专项预案应急实战演练。每次实战演练工作完成后,各部处应对演练情况进行评估,并将评估情况报管养单位安保部。安保部要及时总结经验教训,针对薄弱环节提出改进措施,不断修订完善预案,进一步提高员工应急反应能力。

6.5 预案管理

管养单位各部处应根据预案和应急管理职责,组织制订相应的应急预案和保障计划。

为确保应急预案的科学性、合理性和可操作性,管养单位适时对预案进行修订和完善。原则上每两年由管养单位安全管理部门牵头组织评审修订一次。

6.6 典型案例及分析

(1)典型案例

2017年2月4日21时30分,某隧道管理处值班经理孙某、电工杨某、值班驾驶员李某对沿线设施进行巡逻检查,途中接到中控室报告隧道内有15个摄像机突然无显示,于是赶赴隧道进行查看,同时还发现隧道左右洞部分照明灯具熄灭,当即就前往设在隧道内2 000 m处的箱式变电站进行查看,发现变电站卷帘门已被撬开,一男子手持砖头正在猛砸线路控制箱,杨某见状后不顾个人安危立马上前迅速制服该男子,避免了事态进一步扩大,成功阻止了重大安全事故的发生。

值班经理孙某立即按照救援预案的要求安排中控人员拨打110报警,另安排杨某在事发现场对受损设备进行排查及统计设施的受损情况,杨某首先对破坏现场的裸露线头进行绝缘处理,避免发生次生灾害,然后采取临时措施恢复了隧道故障照明,保证了隧道内车辆的安全通行。值班经理孙某将此情况向隧道管理负责人彭某进行了汇报,彭某得知情况后也立即向管理单位领导张某进行了汇报,并通知相关人员到场共同进行事件处置。为了确保设施安全,快速应对突发事件,隧道管理部门对此次受损设施进行了应急抢险。

(2)案例分析

安全应急救授工作要坚持以"预防为主、防教结合、统一指挥、分级负责"的原则,更好地适应法律和经济活动的要求,安全应急救援预案是最好的手段。对于隧道管理单位和部门来说,安全应急的主要目标就是处理影响隧道安全的各类突发事件,保证隧道处于最佳的安全状态。这就要求各种应急反应行动要按计划有序进行,各种应急反应资源处于良好的备战状态,防止因应急反应行动组织不力或现场救援工作无序而耽误应急救援工作。隧道的应急工作贵在神速,跟时间赛跑,因此,应急救援预案就显得尤为重要。

在此案例突发事件中,管理单位值班人员意识到位,处置迅速,措施得当,成功抓获了肇事者,避免了重大安全事故的发生。

7　城市隧道病害养护维修常见工艺

本章介绍的城市隧道病害养护维修工艺是经实践证明的成熟工艺,对已经判明病害原因的隧道病害处治,可参考使用。在养护维修之前,需确认处治范围并统计工程数量。

对尚未判明原因的隧道病害处治,需请专业单位设计。对有设计文件要求的病害处治,需按设计文件要求的养护维修工艺执行。

涉及高空作业可选用高空车或搭设脚手架的方式,搭设脚手架前必须对组成脚手架的杆件、扣件做力学验算,确认结构刚度满足施加荷载后方可实施。

7.1　衬砌裂缝表面封闭

裂缝表面封闭法适用于缝宽小于 0.2 mm 的裂缝处治。

7.1.1　主要材料、设备或工具

材料:裂缝封闭胶、丙酮或酒精、棉纱。

设备或工具:钢丝刷、毛刷、锤子、钢钎、铲刀。

7.1.2　施工工艺

①用钢丝刷沿裂缝走向清理混凝土表面,宽度为 30～50 mm,使混凝土表面保持清洁;混凝土表面质量不良、缝两侧有较多细微龟裂的部位,清理宽度为 80～100 mm。

②如果裂缝两侧有疏松的混凝土块或砂粒,用锤子和钢钎凿除两侧疏松的混凝土块和砂粒,露出坚实的混凝土表面。

③使用略潮湿的抹布清除表面灰尘,并彻底晾干,用丙酮去除表面的油污。

如缝内潮湿,要等其充分干燥,必要时可用热风机烘干。

④裂缝表面处理后,用小铲刀将树脂封闭胶抹到裂缝上,厚度为1.5~2 mm,宽度为20~30 mm。抹胶时应防止产生小孔和气泡,要刮平整,保证封闭可靠。

7.1.3 检查验收

表面封缝材料固化后应均匀、平整,不出现裂缝,无脱落。表面封闭法修补裂缝实测项目如表7.1所示。

表7.1 表面封闭法修补裂缝实测项目

项次	检查项目	规定值或允许偏差	检查方法和频率
1	胶液性能	符合设计要求	《混凝土结构加固设计规范》(GB 50367—2013)
2	封闭胶宽度(mm)	≥20	尺量:每100 m抽3处
3	封闭胶厚度(mm)	≥1.5	湿膜用厚度计,干膜用水平尺、塞尺、卡尺或其他设备:每100 m抽3处

7.2 裂缝压力灌注法

压力灌注法适用于缝宽不小于0.2 mm的裂缝处治。用特制橡胶管的收缩压力,自动地控制注浆。其核心是裂缝全封闭、恒压力($3.4\ kg/cm^2$),慢速注浆。它的原理是利用缓慢均匀的压力,通过浆液将微裂缝中的空气压入混凝土的毛细孔中,并由混凝土的自然作用排出,克服裂缝中的气阻现象,使灌注的胶液达到微细裂缝的末端,从而确保修补质量。

7.2.1 主要材料、设备或工具

材料:裂缝灌注胶、裂缝封闭胶、丙酮或酒精、棉纱。

设备或工具:角磨机、空压机、锤子、钢钎、铲刀、注胶座、注胶器(DD管注胶器或BLT、钢丝刷、拌胶器)。

7.2.2　施工工艺

（1）表面处理

①用钢丝刷或角磨机沿裂缝走向清理（打磨）宽为 30～50 mm 范围内的混凝土表面（图7.1），混凝土表面质量不良、缝两侧有较多细微龟裂的部位，应清理至 80～100 mm 宽。如果裂缝两侧有疏松的混凝土块和砂粒，应用锤子和钢钎凿除，露出坚实的混凝土表面。

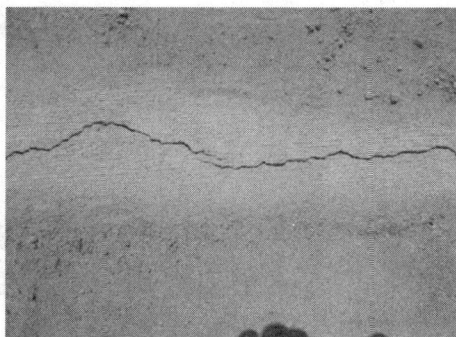

图7.1　裂缝打磨

②用略潮湿的抹布清除表面的浮尘并彻底晾干；混凝土表面的油污要用抹布蘸丙酮擦净。如果缝内潮湿，要等其充分干燥，必要时可用热风机烘干。

（2）黏结注胶座

注胶座应选混凝土表面平整处，避开剥落部位设置，用胶黏剂将灌浆嘴密实牢固地固定在裂纹中心线上（图7.2），间距为 200～400 mm。裂缝分岔处的交叉点应设注胶座；贯通缝，可在一侧布置注胶座，另一侧完全封闭；缝宽度较大且内部通畅时，可以按每米2个注胶座的密度来布置。

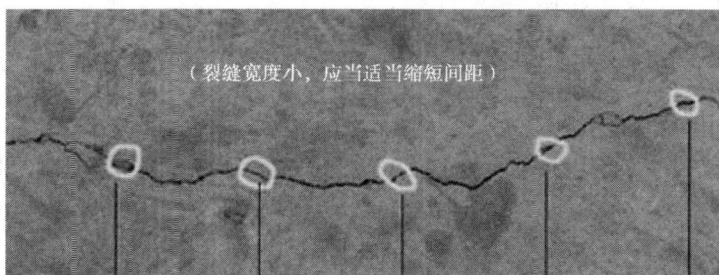

（裂缝宽度小，应当适当缩短间距）

图7.2　注胶座布置图

用抹刀取少许拌制好的封闭胶，刮在注胶座底面周边。将注入孔对正裂缝中心，稍加力按压，使胶从底面的小孔中挤出。注意注入孔不要被胶堵塞，粘好后不要再移动注胶座，如图 7.3 所示。

（3）密封裂缝

沿裂缝走向 30～50 mm 宽的范围内用抹刀刮抹封口胶，厚度 2 mm 左右，尽量一次完成,避免反复涂抹。缝两侧有较多细微龟裂的部位,应抹至 $80 \sim 100$ mm 宽;混凝土剥落处要用修补胶填充密实,如图 7.4 所示。

图 7.3　注胶座安装

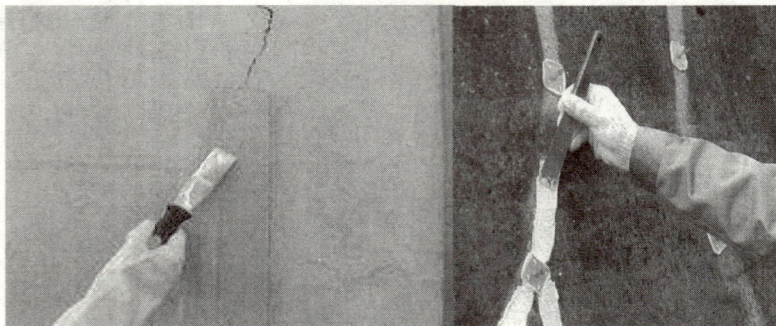

图 7.4　密封裂缝

(4)封口胶的固化和试漏

密封完成后,让封口胶自然固化。注意固化过程中防止其接触水。固化时间:12 h(20 ℃)、6 h(30 ℃)。

灌注胶黏剂前,逐一加压检查注胶座的连通和裂缝封闭效果即试漏。试漏前沿裂缝涂一层肥皂水,从灌胶嘴压入压缩空气。凡漏气处,继续修补密封直至不漏气为止。

(5)连接注胶器

如图 7.5 所示,将注胶器的连接端(蓝色)安装在注胶座上,把卡口部分的两扣卡紧,用力不要过猛,以免损坏注胶座的颈部,注意使橡胶密封圈处于正常位置。同一条裂缝上的注胶器一起安装好。螺纹配合处用生料带缠绕密封。

(6)灌注

①拌胶。将灌注胶的两种成分按规定配比混合搅拌均匀。

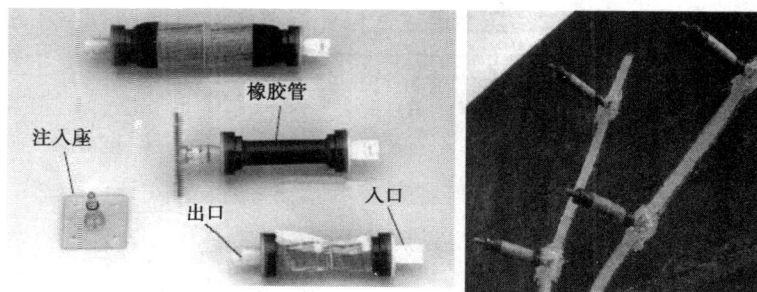

图7.5　连接注胶器

②将胶液注入注胶器。将搅拌后的胶液倒入黄油枪中,把黄油枪供料管的接头接在注胶器的注入端,开始将胶液灌入注胶器。当注胶器外径膨胀并充满限制套时,停止向注胶器灌注胶液,取下供料管接头,为下一个注胶器注入胶液,按注胶顺序把全部注胶器灌满胶液。

③裂缝灌注。当注胶器外径膨胀并充满限制套时,注胶器开始自动向裂缝注胶。

水平走向的裂缝从一端开始逐个注入,倾斜或垂直走向的裂缝要从较低一端开始向上推进。如注胶器膨胀后收缩较快,说明该处裂缝深,缝内空间大,要向注胶器补灌胶液,直到能保持膨胀状态。

在全部注胶器保持膨胀状态下,保持恒压灌注 15 min 以上。

④清洗注胶器。在胶液达到固化临界点前,拆卸注胶器,用丙酮反复清洗,一边清洗一边活动阀门和活塞等部件,将残余的胶溶解。最后用清水漂洗干净,晾干后组装,以备再用。

(7)灌注胶固化

让灌注胶自行固化,固化时间为 10 ~ 24 h,气温越高,速度越快。

(8)凿除注胶器,后期处理

固化后敲掉注胶器和注胶座,如有必要,用砂轮机把封口胶打磨平整。

7.2.3　检查验收

裂缝修复后不得出现裂缝和脱落现象,灌缝处混凝土颜色应与原混凝土颜色一致。压力灌注法修补裂缝实测项目如表 7.2 所示。

表 7.2　压力灌注法修补裂缝实测项目

项次	检查项目		规定值或允许偏差		检查方法和频率
			注射剂	聚合物水泥注浆料	
1	胶液强度（MPa）	抗压	≥50	≥40	《树脂浇铸体性能试验方法》（GB/T 2567—2008）
		抗拉	≥20	≥5	《树脂浇铸体性能试验方法》（GB/T 2567—2008）
2	灌注质量	浆体饱满度	≥90%		超声波法，测裂缝总数的10%，且不少于5条裂缝；取芯法，观察芯样裂缝被胶体填充密实、饱满情况

7.3　衬砌混凝土蜂窝、麻面处治

7.3.1　主要材料、设备或工具

①材料：水泥、细砂、中砂、丙酮、棉纱。
②设备或工具：钢丝刷、刮刀、搅拌器。

7.3.2　施工工艺

（1）麻面处理
混凝土表面的麻面，对结构无大影响，通常不做处理。如需处理，方法如下：
①用丙酮或酒精将该麻面处洗净，修补前用水充分润湿结合面，并擦去多余的水，使表面呈饱和面干状态。
②修补用的水泥品种与原混凝土一致，砂子为细砂，粒径最大不宜超过1 mm。水泥砂浆的配合比为1∶2或1∶2.5，可人工在小桶中拌匀，随拌随用，必要时掺拌白水泥调色。
③按照漆工刮腻子的方法，将砂浆用刮刀大力压入麻点，随即刮平。

④修补完成后,用养护膜覆盖洒水保湿养护。

（2）蜂窝处理

小蜂窝可按麻面方法修补,大蜂窝采用如下方法修补:

①将蜂窝软弱部分凿除,用钢丝刷、丙酮将结合面清洗干净,修补前用水充分润湿结合面,并擦去多余的水,使表面呈饱和面干状态。

②修补的水泥品种必须与原混凝土一致,砂子用中粗砂。

③水泥砂浆的配比为1∶3～1∶2,并搅拌均匀。有防水要求时,在水泥浆中掺入水泥用量1%～3%的防水剂,起到促凝和提高防水性能的目的。

④按照抹灰工的操作方法,用抹子大力将砂浆压入蜂窝内,刮平,在棱角部位用靠尺将棱角取直。

⑤修补完成后,用塑料薄膜进行保湿养护。

7.3.3 检查验收

混凝土麻面、蜂窝修补完成后表面应平整,无裂缝、脱层、起鼓、脱落等,修补处表面与原结构表面色泽应基本一致。3 m 直尺测得的平整度应不超过5 mm。

7.4 混凝土局部破损修补

7.4.1 主要材料、设备或工具

①材料:环氧砂浆(或聚合物砂浆)、界面剂、渗透型阻锈剂。

②设备或工具:角磨机、钢丝刷、钢钎、毛刷、滚筒、棉纱、丙酮、搅拌器、搅拌桶、刮刀、托灰板。

7.4.2 施工工艺

（1）基面处理

①对于混凝土出现破损部位,采用人工凿除法将该处松散、破损、污损的混凝土清除干净,并使部分骨料露出表面,得到粗糙面以提高黏结性能。

②对于缺陷深度不小于10 cm、面积不小于10 cm×10 cm时,表面要凿成方波形和锯齿状,且凿至坚实层,判断的标准是以能够看见混凝土粗骨料为宜。

（2）钢筋除锈处理

新老混凝土结合面清理完毕后，如有钢筋外露，应对外露钢筋进行除锈处理，用钢丝刷清理钢筋表面至表面清洁、无锈迹；用毛刷在钢筋表面刷涂一层阻锈剂，不得有漏刷。在阻锈剂指触干燥后，开始修补缺损混凝土。

（3）黏结面清洗

浇筑新混凝土前，去掉黏结面上所有损坏、松动和附着的骨料、灰浆、油脂等杂物，并用丙酮清洗黏结面。根据界面剂类型，对于树脂基质材料界面剂，修补前应确保基面无水膜，尽可能保证黏结面干燥；对于聚合物改性水泥基材料界面剂，修补前应充分润湿基面，并擦去多余水，使基面保持饱和面干状态，如图7.6所示。

图7.6　局部破损修补

（4）涂刷界面剂

界面剂能显著提高黏结强度，将配制好的界面剂用滚筒、刷子及刮刀均匀地涂抹在混凝土结合面上，其厚度一般为1 mm左右。注意界面剂在使用过程中，要不停地搅拌，以保持均匀。界面剂涂抹完毕后，应在其晾干之前修补破损混凝土。

（5）分层修补

①将修补材料按厂家推荐配比搅拌至色泽均匀一致。每次配量较少时，可用托灰板、抹刀人工拌和；配量较大时，用搅拌器在容器中拌和，并确保容器边缘、底部完全搅拌均匀。

②修补材料搅拌后，应立即送到施工现场铺开，分层、均匀地将破损面修补平整、密实，尽可能在短的时间内全部用完，使反应热尽快散发。浇筑时，应严格控制每层的浇筑厚度。顶面或侧面修补时，通常每层厚50～100 mm。若浇筑厚

度过大,储热过多,将会出现不良后果。

仰面修补时,深度小于 3 cm 的,按一层修补;修补深度大于 3 cm 的,应按不大于 3 cm 厚度分层修补。

③每次拌制的修补料,从制拌开始到修补结束,时间不得超过 30 min,超时不得继续使用。对于环氧类修补材料,修补前应采取措施使修补位置保持干燥;对于聚合物水泥基质类修补材料,修补时应保持基面含水量处于饱和面干状态。混凝土缺损修补后,外观宜成规整的矩形,如图 7.7 所示。

图 7.7　修补完成

（6）混凝土表面涂刷阻锈剂

混凝土表面缺损修补后,在混凝土表面涂刷渗透型钢筋阻锈剂 2～3 遍,涂刷范围为缺损尺寸放大 20 cm。多层涂刷时,应在上一层涂膜已干燥后才开始涂刷下一层。

（7）养护

环氧混凝土采用常温养护硬化法进行养护;聚合物砂浆应覆盖洒水养护。

7.4.3　检查验收

缺陷修补表面应平整、光洁,不得出现裂缝;新旧混凝土结合部位不得出现裂缝;修补混凝土表面颜色应均匀一致。混凝土修补实测项目及方法如表 7.3 所示。

表 7.3 混凝土修补实测项目及方法

项次	检查项目	规定值或允许偏差	检查方法和频率
1	修补材料性能	符合设计要求	《树脂浇铸体性能试验方法》(GB/T 2567—2008)
2	表面平顺	无明显凹凸,±2 mm	目测:用直尺,30%
3	阴阳角	±5°	尺量:30%

7.5 沥青混凝土的养护维修

7.5.1 主要材料、设备或工具

①主要材料:沥青混凝土、沥青黏结剂、灌缝材料、防水材料、砂石料等。

②施工设备:压路机、摊铺机、钻孔设备、吹风机等。

7.5.2 施工工艺

横向裂缝和纵向裂缝按裂缝宽度分为两类,采取不同方法进行处治。微、小裂缝指裂缝宽度小于 3 mm 的裂缝;宽大裂缝指裂缝宽度大于 3 mm 的裂缝。

(1)微、小裂缝处治及实施流程

①处治方案:可采用直接灌缝的方式进行修补。

②实施流程:

a. 钻孔。采用钻机沿着裂缝走向,以一定的间隔在裂缝上钻孔。

b. 清扫。采用毛刷或吹风机等对裂缝和钻孔进行清理,裂缝上无灰尘、油脂及其他污染物,钻孔内无粉尘。

c. 灌缝。向孔洞内浇灌灌缝料,并在裂缝上沿裂缝多次灌填灌缝料。当灌缝料不再继续下渗后,在裂缝上撒布一层细集料。

d. 开放交通。根据灌缝料强度形成的时间确定灌缝料养护时间,养护时间内需要封闭交通。

③注意事项：

a. 材料必须要具有较好的流动性；

b. 裂缝表面和钻孔要保持清洁，以便灌缝料渗入裂缝内部；

c. 灌缝料施工必须在可操作时间内完成。

（2）宽大裂缝处治方案及实施流程

①处治方案：先进行扩缝，再填补密封料。

②实施流程：宽大裂缝需要进行开槽处理，清除边缘出现的破损部分，对支缝直接进行灌缝处理。实施流程如下：

a. 开槽。开槽机的锯片应调整到适当高度，确保切入深度在 1.5～2 cm 以内。开槽时必须沿着裂缝的走向进行切缝，槽口应保持规则形状。

b. 清槽。开槽扩缝后应进行清缝处理，最好使用鼓风机并配合钢丝刷把槽口内的灰尘和松散的碎料清理干净，以提高黏结力。

c. 烘槽。必要时须用火焰枪对槽口进行烘烤，烘烤时注意对温度的控制，一般不得超过 70 ℃。

d. 备料。将需要的填补料进行加热，使其软化具有一定的流动性，便于在施工过程中自动流淌，填平边界的空隙。

e. 灌缝。填补料灌入时应控制好灌缝机的走向，在灌好第一遍 5 min 后再进行一次找平灌缝，并使裂缝表面形成 T 形密封层。注意控制填补料的高度，如在气温相对较高的季节，填补料应略高于路面（高出 0.5～1 mm），气温低的季节应略低于路面（低于 0.5～1 mm）。

f. 开放交通。施工结束后开放交通的时间一般为 30 min 后，但如果在填补料表面撒砂或石料，可防止开放交通后车轮带走灌缝料，大约 10 min 便可开放交通。

③注意事项：

a. 切割深度要根据裂缝实际深度进行调整，一般要比裂缝深度大；

b. 保证施工面清洁，保证灌缝料与旧路面结合良好；

c. 禁止在路面潮湿或温度低于 4 ℃ 的环境下施工，否则将会降低灌缝料的黏合力，易造成脱落，影响施工质量。

（3）坑槽处治方案及实施流程

①处治方案：采用挖补的工艺进行修补，即挖除已出现病害的铺装，再填补

新拌和的沥青混合料。

②实施流程：

a.病害评估。就原路面出现的相关病害进行调查,分析其成因,制订相应的维修方案。根据破坏面积、严重程度以及交通情况,选择较为便捷的处治方式,避免对正常交通造成过大的干扰。

b.破坏区域挖除。根据病害特点及破坏区域,对破坏面进行挖除。挖除面在破坏面的基础上,应向外延伸 15～20 cm。挖除面以采用正方形和长方形为宜,避免出现圆弧形等不规则形状。

根据清除面大小,宜采用人工凿除工艺进行清除。当清除面较大,为了提高效率,宜先采用小型切割机对原路面进行一定深度的切割,再采用人工方式进行凿除。挖除深度视破坏程度而定,宜浅不宜深。在下部保持结构整体稳定性的情况下,可以不予清除。如果面积很小,为了便于修补控制,可以一次清除。

c.界面清理与黏结层处理。将界面废除的铺装材料清理干净后,采用(热)吹风机吹干,将灰尘吹干净。如基面为钢板,应采用砂纸将钢板基面打磨干净,同样需要采用吹风机将界面吹干净。在界面清理干净后,及时滚涂黏结材料,对材料的用量须控制在设计范围,过多过少对修补结构的性能影响都非常大。对垂直界面,应专人采用小型滚筒或刷子进行刷涂,确保新老界面被黏结材料有效覆盖。

d.修补材料生产。浇注式沥青混凝土采用浇注式拌和、运输一体化设备进行拌和。在维修过程中,各档集料按照矿料配比通过计重设备称量后投入拌缸中,然后通过柴油燃烧加热。基质沥青事先存入沥青储存罐中储存,通过矿料加热时产生的热气进行循环加热至融化。当集料温度加热至 230～240 ℃时,投入事先称量好的矿粉,再次进行搅拌均匀。当矿料温度升至 200～220 ℃时,开始按设计油石比添加基质沥青,同时从进料口投放直投式改性剂。搅拌经约 2 h 时,需通过取样观测其流动状态和拌和温度。

浇注式沥青混合料在一体化设备中拌和完成后,即可运至施工现场进行施工。

e.修补施工。为了保证黏结效果和封水性,可提前在坑槽周边粘贴封条或涂刷乳化沥青,然后进行浇注式沥青混合料摊铺。下面层摊铺完成后,及时撒布

10～15 mm 碎石,洒布量为修补面积的 60%～90%。待其冷却后,滚涂环氧树脂黏结剂,用量为(0.4±0.05)kg/m,再进行上面层高弹改性沥青 SMA10 施工。上面层高弹改性沥青视实际修补的需求量,可以采用一体化设备生产,也可以采用大型拌合楼生产。

　　f. 注意事项:

- 挖补范围宜大不宜小,将薄弱面都包括在处治范围内;
- 界面应绝对干燥、干净,不允许有杂物、灰尘、水污等残留;
- 提出的处治方案应全面、综合考虑多方因素;
- 界面黏结材料应控制到最佳用量及有效操作时间;
- 浇注式沥青混凝土应保证其流动性及表面碎石的有效嵌入率;
- 冷拌碾压类材料除了保证集料的干燥之外,应配备充足的压实机械,压实是实现其设计性能的关键;
- 新旧连接面是重点处治对象,应保证界面黏附足够的黏结剂,再铺筑新材料,新旧接缝位置能够保持很好的完整性;
- 处治工序和工艺不宜过于复杂,养护时间宜短,最大限度地降低隧道维修对交通流带来的干扰。

7.5.3　检查验收

　　灌缝修补后,灌缝材料应填充饱满、密实,与原路面平齐,与缝壁黏结牢固,无脱开、无外溢。黏缝带与路面应黏结牢固,无脱落、露缝现象。灌缝、黏缝修补实测项目及方法如表 7.4 所示。

表 7.4　灌缝、黏缝修补实测项目及方法

项次	检查项目		规定值或允许偏差	检查方法和频率
1	渗水系数		0	渗水试验仪:骑缝检测,用密封材料密闭测试范围内的路面,每 20 条裂缝测 1 处
2	与路面高差	灌缝胶	≤2 mm	抽量,每条缝测 2 点
		黏缝书	≤5 mm	

坑槽挖补,路面开挖轮廓线应顺直,越位不应超过 20 mm。修补路面与开挖线周围路面应保持平整,不应低于或高于周围路面。局部坑槽修补实测项目及方法如表 7.5 所示。

表 7.5 局部坑槽修补实测项目及方法

项次	检查项目	规定值或允许偏差	检查方法和频率
1	压实度	实验室标准密度的 95% 最大理论密度的 91%	钻芯法:每 20 处挖补抽检 1 处
2	接缝处高差	≤5 mm	3 m 直尺:骑缝检测,每 20 处挖补抽检 1 处
3	渗水系数	≤200 mL/min	渗水试验仪:每 20 处抽测 1 处,在新旧搭接处测试

7.6 衬砌背后脱空及衬砌不密实处治

7.6.1 主要材料、设备或工具

①材料:水泥、水、环氧树脂等。

②设备或工具:操作平台、钻孔设备、压浆机、压力表、搅拌机、角磨机、钢丝刷、毛刷、托灰板等。

7.6.2 施工工艺

1)脱空处治

对于较小脱空缺陷、衬砌厚度满足设计值的区段,可不采取处治措施。

对于其他类型脱空缺陷,采取钻孔灌注水泥浆处治。在脱空位置打设注浆孔,在打孔过程中,根据检测报告提供的衬砌厚度,采取限深措施,保证不损坏防水板。注浆采用水泥浆液。主要工艺如下:

(1)钻孔施工

①钻孔前验证脱空范围,根据脱空大小范围设置孔眼注浆参数,在拱腰、拱顶横向均分 3 个点进行钻孔,并设置排气孔。排气孔设在脱空部分的中间,如有

干扰,可适当调整位置。非气孔内应安装ϕ10 mm钢管并固定牢固,上口略低于防水板,以便于检查注浆饱满度。

②在标记钻孔处用风枪进行钻孔,根据检测衬砌实际长度进行钻孔,要边钻边进行测量,防止超钻破坏防水板。钻眼到达实际衬砌厚度处停止钻孔,检测衬砌背后是否脱空和防水板是否破损。如钻孔深度达到实测厚度仍未钻透时,应边钻边测量且要做好记录。

③钻孔完毕后,用毛刷将孔清理干净后安装注浆管,注浆管采用环氧树脂锚固于混凝土内,深度不低于10 cm。

(2)注浆施工

①注浆前先检查管路和机械状况,确认正常后做压浆实验,确定合理的注浆参数,指导施工。

②注浆液建议采用1:1水泥净浆,注浆压力应控制在0.2～0.5 MPa。浆液采用搅拌机进行拌制,注浆过程中随时检查孔口、邻孔有无串浆现象。如发生串浆,应立即停止注浆或采用间歇式注浆封堵串浆口,直至下排孔浆液注满为止,方可采用快硬水泥砂浆或锚固剂封堵。注浆过程中压力如突然升高,可能发生堵管,应停机检查。

③下排孔浆液注满时,采用中间孔继续注浆,其余两孔封堵好。注浆时观察上面排气孔,直到浆液注满为止,方可停止注浆,并及时封堵注浆口和排气孔。

2)混凝土不密实处治

(1)钻孔施工

在不密实区域边缘线外50 cm范围内进行钻孔,注浆孔深度按$h - 10$ cm(h为二次衬砌厚度)控制。孔间距为50 cm,按梅花形布置,然后安设注浆管。注浆管采用环氧树脂锚固在混凝土内的长度不低于10 cm,外露5 cm。

(2)注浆

注浆液可采用PO·425水泥,1:1水泥浆液,采用搅拌机进行二次搅拌,注浆压力宜控制在1.0～1.5 MPa,注浆施工时应从中心向两侧顺序进行。

(3)施工注意事项

①钻孔前,精确测定钻孔的平面位置、实际施工厚度等。

②施工中应严格控制钻机偏移及卡钻。

③施工中应做好钻孔记录,做到边钻边量测,及时掌握钻孔深度,杜绝防水板钻破。

④注浆过程中,应防止浆液外渗,并做好脱空面积处治的记录。

⑤衬砌钻孔处一定要采用高标号防渗水混凝土进行封堵密实。

⑥注浆过程中需采取措施对路面及灯具、风机等进行保护,防治污染。

7.6.3 检查验收

浆液凝固后再对注浆区进行钻孔取芯,观察注浆充填情况。如注浆区浆液未饱满时须重新钻孔注浆。

7.7 隧道衬砌渗漏水、泛碱处治

7.7.1 主要材料、设备或工具

①材料:PVC 管、不锈钢引水槽、聚合物防水涂料、无机防火矿物涂料、水性无机封漏剂。

②设备或工具:移动脚手架、潜孔钻、电风镐、切割机、角磨机、空压机、锤子、钢钎、铲刀。

7.7.2 施工工艺

1)泛碱处治

对于泛碱区域,用清洁水将泛碱清除干净;对不溶于水的物质(如碳酸钙等),可用钢刷或砂纸擦磨掉,也可用1:10(盐酸:水)的稀盐酸清洗,即清洗前用水湿润表面,再用盐酸清洗10～20 s后及时用大量清水清洗表面。

2)渗水处治

根据渗漏水的情况,渗漏水处治可分为钻孔引排水＋面状浸渗、滴漏水注浆封堵＋埋设引水槽引排水等方式进行整治。

(1)钻孔引排水

按一定间距或渗漏水点位置在隧道边墙设置泄水孔,钻孔时注意不要钻穿

防水板,孔口设置 UPVC 管顺接,将水引入排水沟(泄水孔大小及排水管管径根据水量大小确定)。

(2)面状浸渗、滴漏水注浆封堵

对于面型浸渗、滴漏或局部涌流水部位,每隔 20～50 cm 设置 ϕ20 mm 钻孔,孔深控制在衬砌厚度的一半左右,局部段落可根据现场渗漏水的情况加深钻孔,然后采用水性无机堵漏材料进行注浆封堵,再在衬砌表面做聚合物韧性防水层 4 遍(厚度≥2.0 mm)。其施工工艺流程为:基面检查与确定→边墙脚钻孔→渗水面布孔及钻孔→埋设孔口管→灌浆→闭浆→拆除阻塞设备→检验→养护。

以上工作之前必须将混凝土表面清理干净,并留不小于 100 mm 的工作面。用电动角磨机将混凝土基面打磨干净,不能有油污、粉尘、松散混凝土。做防水前将基面充分湿润。灌浆前,采用高压清洁水将混凝土缝隙冲洗干净。上述工作完成后恢复防火装饰层。

(3)埋设引水槽引排水

对于隧道施工缝、水量较大的涌水裂缝,可设置引水槽将水引至隧道边墙脚,再通过排水管将水引入路侧水沟。施工时,对水量特别大的个别位置可根据现场实际情况加大不锈钢引水槽。

引水槽先用膨胀螺栓固定,再用堵漏剂将边缝封堵不漏水,再外做聚合物柔性防水层(二布七涂,布采用聚酯纤维布)。二布七涂的具体工艺如下:

①基层处理。

②涂刷聚合物防水涂料一层,防水层干燥后进行下一道施工工序。

③涂刷防水涂料一层随即铺黏聚酯纤维布,再涂刷一层防水涂料干燥后进行下一道施工工序。

④涂刷防水涂料二遍。

⑤涂聚合物韧性防水层二遍。

不锈钢引水槽上封口和中间部位设置检查维修口,平时用聚合物柔性防水涂料封闭。

7.7.3 检查验收

聚合物防水涂料、无机防火矿物涂料、水性无机封漏剂等主要材料在使用前必须严格按照程序进行报验,并委托具有专业鉴定资质的第三方检测单位进行取样鉴定,确定符合设计、规范要求后才能使用。引水槽、排水管安装必须牢固、平顺。各材料及工序验收需符合设计及《地下防水工程质量验收规范》(GB 50208—2011)等相关规范要求。

7.8 隧道仰拱开裂、沉降、厚度不足

7.8.1 主要材料、设备

①主要材料:水泥、压浆剂、水、镀锌钢管、土工布。
②主要设备或工具:钻机、压浆机、高压水枪。

7.8.2 施工工艺

对仰拱开裂沉降区域,采用注浆加固处理,主要施工工艺如下:

(1)钻孔

采用风动凿岩机钻孔,孔径40 mm,孔距可为1.5 m×1.5 m,梅花形布置,孔位距施工缝0.5~1 m,孔深为打入基岩10~20 cm,注浆采用二次注浆。

(2)清孔

每个孔钻完后都必须采用高压水清孔,冲出孔内碎渣。清孔完成后要逐个验孔,检查孔深、是否堵塞等,并形成验孔记录表。对于不合格的孔,要补打直至合格为止。

(3)埋设注浆管及封孔

孔内埋设 $\varphi 20$ mm 镀锌钢管作为注浆管,钢管下部用土工布缠裹后塞入注浆孔,上部车丝,埋设时露出仰拱面2 cm,然后采用锚固剂封孔,封孔深度不小于40 cm。

(4)注浆

采用 BW-150 型注浆机注浆,水泥采用 42.5 级普通硅酸盐水泥,水胶比为

0.8:1~1:1。为了保证注浆连续进行,注浆前应认真检查注浆机的状态是否良好、配件是否齐全,检查制浆的原材料是否齐备、质量是否合格。检查完毕后,按以下顺序注浆:

①注浆机的高压注浆管与注浆孔内预埋注浆管采用丝扣连接,做压水试验检测管道是否密封,密封后方可注浆。

②采用搅浆机制浆,严格控制水胶比。

③开始注浆。初始压力为0.5~0.8 MPa,注浆一定时间后相邻注浆孔内会冒水,此时持续注浆,相邻注浆孔内会冒水泥浆;当所冒浆液浓度与注浆浆液相当后,用止浆帽将冒浆孔封闭,并持续注浆,此时注浆压力为1 MPa左右,此为浆液扩散阶段;当隔一排的注浆孔冒浆时,注浆机压力会进一步上升,此时停止注浆,用止浆帽封闭该孔。

④必须逐孔注浆,重复上述步骤继续注浆。

(5)取芯验证

注浆完成至少7天后,采用地质钻机对注浆效果进行取芯验证,取芯深度为取出完整基岩。如岩体及仰拱混凝土固结、密实,说明注浆效果较好、已达到整治目的;反之,则按上述步骤再次补注浆,直到满足要求。

(6)质量控制要点

①孔深必须满足要求,要穿透仰拱混凝土,并打入基岩最少10 cm。

②钻完孔后要立即清孔,孔内有残渣会影响浆液扩散效果。

③锚固剂封孔深度必须大于40 cm,否则压力过大时,容易顶出注浆管或喷出浆液造成危险。

④浆液浓度应根据实际情况适当调整,如地下水丰富时应适当调浓浆液。注浆时,若浆液扩散较远也应调浓浆液,扩散半径以不超过2排孔为宜。

⑤注浆压力不宜过大,不能超过1 MPa。若浆液扩散半径过大,会影响固结效果,也容易造成仰拱开裂、隆起,形成新的病害。

⑥必须采用二次注浆,由于水泥收缩等原因一次很难注满,第二次注浆既是补注浆,也能起到初步验证的效果。

⑦注浆时,即使串孔也要逐孔注浆,保证效果。

⑧注浆时要注意观察,防止浆液从施工缝、排水管等漏出造成堵塞,形成新

的病害。

7.9 隧道风机安装

风机广泛应用于高速公路隧道和城市快速道路中。正常情况下,风机能控制隧道环境中有害气体的浓度;隧道发生火灾时,风机能有效控制风向、风速,排除有害气体,消除消防安全风险。

风机作为隧道内大型机电设施,若隧道内风机损坏需更换时,其安装过程必须有严格的质量控制和安全控制,保证设备安装质量良好。

7.9.1 风机到货验收

①开箱后,检查风机的型号与规格是否与订货相符。

②风机外观检查:检查有无明显损伤,有无零部件损坏、锈蚀情况。

③清点设备所有零部件、工具、附件、备件、附属材料以及出厂合格证等技术文件,不得有缺漏项。

④检查风叶叶轮的转动灵活程度,叶轮严禁与壳体碰擦,其间隙一般不超过叶轮直径的0.5%。

⑤做好开箱检查记录。

7.9.2 风机预埋件与风机连接线焊接

①检查预埋件数量、位置是否满足设计及安装要求。其预埋件的偏差不大于风机安装的运行偏差,即中心线平面位移小于10 mm,标高误差允许范围为±10 mm。

②划线工在预埋件上定测好风机连接件应该焊接的位置并划线,电焊工按划好的线将连接件焊接在预埋件上,各工种应持证上岗。固定焊接采用直流焊接,选用E4315焊条,用ϕ3.2焊条打底,焊接电流控制在80～100 A;用ϕ4焊条填充、盖面,焊接电流控制在120～150 A;焊缝检查按一级焊缝检查标准执行。

③焊缝防腐处理要求:清洁焊缝位置,先刷二遍防腐漆,再刷二遍黑色环氧树脂漆,漆层厚度不小于60 μm。

7.9.3　预埋件荷载试验

委托具有相关检测资质的第三方检测单位对焊接好的预埋件进行检测。此项检测的主要目的是检测预埋件是否能承受风机以及连接件15倍以上的重量，确保预埋件能满足风机的运营要求。

7.9.4　风机安装

①风机安装采用2个2 t手拉倒链，一端固定在吊钩上，另一端固定在风机起吊钩上。风机捆扎点的索具应用软索具，以避免损坏设备漆层。

②拉动倒链，缓慢起吊风机。起吊过程中必须保证风机平稳起吊，到达连接件位置后，调整风机位置，安装上风机与连接件之间的螺栓并紧固。每个连接螺栓应加一套平垫片、一套弹簧垫片及一个紧固螺母，以防止风机运行振动导致螺母松动。紧固后的螺栓丝扣外露部分应在2~3个螺距。

7.9.5　运行调试

接通电源，检查风机是否正常开启，转动有无异响，运转时电流是否在额定值内。

7.10　隧道线型光纤感温火灾探测器安装

隧道消防设施是否完好极大程度地影响隧道能否安全运营。根据消防相关要求，城市道路隧道、特长双向公路隧道和道路中的水底隧道，应同时采用线型光纤感温火灾探测器和点型红外火焰探测器（或图像型火灾探测器）；其他公路隧道应采用线型光纤感温火灾探测器或点型红外火焰探测器。以下以线型光纤感温火灾探测器安装为例，对主要安装设备及相应安装要求进行介绍。

（1）感温光纤安装相关要求

感温光纤安装应采用单独的卡具吊装或支撑物固定，直线段应隔1.0~1.5 m设置吊点或支点。消防控制室内感温光纤在架空地板下敷设时，主机上的感温光纤宜留10 m长的余量并应妥善放置。

（2）线型光纤感温火灾探测信号处理器安装相关要求

安装应采用螺钉固定在机柜内，并采取通风、散热措施，安装位置不应受强光直射。当有不可避免的强光直射时，应加遮光罩遮挡，同时引出的尾纤宜有大于 1 m 的余量，不得影响线型光纤感温火灾探测信号处理器的正常运行。

（3）控制台及机柜安装相关要求

控制台及机柜底座应与地面固定，安装应竖直平稳，垂直偏差不得超过1.5%。控制台及机柜内设备和部件应安装牢靠、端正，附件完好，无损伤、螺丝紧固，台面整洁无划痕。

（4）系统调试相关要求

调试负责人必须由专业技术人员担任，所有参加调试人员应职责明确，并应按照调试程序工作。调试前应按设计要求检查设备的规范、型号、数量、备品、备件等，单机逐个通电检查，正常后系统正式通电，线型光纤感温火灾探测器信号处理器应能正常工作，其工作及故障状态应能在火灾报警控制器中显示。

附　录

附录 1　常见隧道病害整治措施

一般来说,隧道结构混凝土的劣化多因年久并与渗漏水有关,也与围岩蠕变、冻害等外因有关。内因主要有混凝土水泥品种及用量、酸碱性反应、炭化等,外因则是结构与围岩间不密贴、衬砌混凝土不密实、施工缝接触不良、地下水作用等。

对隧道结构质量问题进行维护、维修,应在正确把握产生问题原因的基础上,根据问题的程度、范围,采取对应的技术上可行、经济上合理的处理措施。附表 1.1 为常见隧道病害整治措施。

(1)局部修补

对隧道衬砌的局部初始缺陷、损伤及剥落等,应及时进行修补。

局部修补采用先进行表面清扫、表面部分凿除,再采用树脂砂浆或树脂水泥砂浆充填、涂抹恢复断面。

(2)嵌缝、注浆

对隧道衬砌常见的裂缝病害,判断裂缝不再发展时,可采用环氧树脂等高强材料进行裂缝注浆,同时对裂缝表面用树脂水泥浆嵌缝涂抹填平。

(3)内衬补强

对隧道结构开裂、剥落、破损较为严重,病害区域面积较大时,视病害程度和隧道内净空富裕量大小,可采用补喷钢纤维混凝土、网喷混凝土等进行内衬补强,必要时可采用补强拱架和网喷混凝土进行内衬补强。

(4)渗漏水整治

隧道结构渗漏水按其状态可分为线状和面状,按漏水量可分为少量和多量。根据漏水程度、部位不同,采取不同的整治措施。附表 1.2 为隧道漏水整治措施,可供参考。

附表 1.1　常见隧道病害整治措施

衬砌材料	浇筑混凝土								混凝土砌块、砖、石衬砌								备注
拱柱或墙	拱				墙				拱				墙				
劣化范围	局部		大范围		局部		大范围		局部		大范围		局部		大范围		
劣化状况/劣化程度/劣化部位	落下物大小				劣化程度				劣化部位				劣化部位				
整治方法	小	大	小	大	小	大	小	大	接缝	主体	接缝	主体	接缝	主体	接缝	主体	
表面清扫	○																
凿除	○	○	○	△	○	○	△	△	○	△	△	△	○	△	△	△	
嵌缝									○	△	○	△	○	△	○	△	
护板	○	△	○	△		△		△		△		△		△		△	净空无富余空间时采用
金属网	○	△	○	△		△		△		△		△		△		△	净空无富余空间时采用
内衬　喷混凝土		○		○	○	○	○	○	○	○	○	○	○	○	○	○	净空十分富余时采用
内衬　浇筑混凝土		○		○		○		○	△	○	△	○		○		○	需增强衬砌承载能力时
拱梁		△		△		△		△	△	○	△	○	○	○	○	○	需增强衬砌承载能力时
局部改建		○		○		○		○	○	○	○	○	○	○	○	○	劣化程度严重(厚度1/2以上)时
其他(改建等)		○		○		○			○	○	○	○	○	○	○	○	仅维修不足以处理时

注：①劣化程度：局部，原则上劣化范围不足 10 m²；大范围，原则上劣化范围大于 10 m²。
②劣化状况：落下物大小，大——砖尺寸或大于砖尺寸者；小——小于砖尺寸者。
③劣化程度：大——劣化深度大于 10 cm 者；小——劣化深度小于 10 cm 者。
④劣化部位：接缝——接缝材料劣化，主体健全；主体——主体劣化。
⑤○——适用；△——应急措施或与其他措施或方法同时使用。

附表 1.2　隧道漏水整治措施

漏水状态		线状				面状				备注
漏水量		少量		多量		少量		多量		
净水富余		有	无	有	无	有	无	有	无	
整治方法										
线状整治	导水管	○								适用于漏水沿衬砌施工缝线状渗漏水的情况
	导水槽		○	○	○		◌		◌	有 V 形、U 形两种；V 形槽设在拱部时，要注意不使埋入材料剥离
	止水法	△	△							只适用于漏水量为滴水程度，漏水范围有限时
面状整治	喷射法					○		○		挂网锚喷及导水等同时采用
	涂膜法					△	△			适用于漏水轻微时
	防水板					○		○		适用于内衬、改建时
	防水膜									
背后压注法				○		○		○	○	地下水以隧道背后空洞为流路，首接向隧道内流入时
降低水位法				○				○	○	地下水水位高，在列车、漏水反复荷载作用下，使土砂排出，隧道结构有问题时

注：①漏水状态：线状——漏水呈线状分布；面状——漏水呈面状分布。

②漏水量：少量——渗透、滴水；多量——溢出、喷出状态。

③净空富余：有——对采取的对策有富余；无——对采取的对策无富余。

④○——适用；△——有条件适用。

附录 2　重庆市双碑隧道病害整治

2.1　概况

2.1.1　工程概况

双碑隧道为重庆市"五横、六纵、一环、七联络"快速路网中"三横线"的重要组成部分,为西部新城紧密联系江北区及北部新区的城市快速干道,是连接沙坪坝区西永副中心和双碑组团的重要通道。双碑隧道长 4 373 m,双向 6 车道,单洞隧道净宽 13 m,限高 5 m,于 2010 年 7 月 6 日开工,已经顺利于 2015 年 2 月 13 日竣工通车。

2.1.2　隧道地质概况

（1）工程地质

双碑隧道区域地貌位于川东平行岭谷区的中梁山南延部分。地貌属构造剥蚀条带状低山地貌,山脉沿北北东～南南西方向延伸,海拔高程一般在 300～600 m。隧道穿越地段附近最高点寨子坡海拔为 581.4 m,出洞口附近海拔 210.26 m,为其附近最低点,最大相对高差约 370 m。地貌受构造控制,且受岩性制约。

（2）水文地质

双碑隧道水文地质条件由其独特的地形、构造和岩性条件控制。双碑隧道穿越的中梁山脉大致呈南北向延伸,北部在北碚被嘉陵江切割,南部在小南海被长江切割,两翼陡倾的含水层与隔水层相间分布,决定了背斜核部的地下水径流方向总体为沿岩层走向（近南北方向）,运动向嘉陵江和长江排泄,地下水横向（东西方向）运动不明显。背斜两翼地下水含水层间水力联系较差,主要径流方向仍然是南北向。

由于背斜两翼三叠系煤层不同程度的开采和其他已建隧道的开凿,地下水大量被疏排,地表溪沟多干涸,泉点出露少。井泉点主要分布在嘉陵江组灰岩中,岩溶泉一般被当作居民生活用水或筑坝成库供农田灌溉,如余家湾水库、凌云水库。

2.2　隧道病害情况

2.2.1　缺陷分布情况

根据相关检测报告,截至 2018 年 1 月,双碑隧道共有裂缝 638 条,其中裂缝宽度不小于 0.2 mm 的有 634 条,裂缝最大宽度为 1.2 mm;共有渗漏水 380 处,其中 354 处浸渗,21 处滴漏,5 处涌流;共有内装饰破损、剥落 19 处;共有衬砌脱空 2 处、不密实 3 处;共有洞门破损、露筋 3 处;共有防火门损坏车行横通道内 16 扇,人行横通道内 18 扇。

①左线隧道:裂缝共 306 条,其中裂缝宽度不小于 0.2 mm 有 303 条,裂缝最大宽度为 1 mm;渗漏水共 163 处,其中 148 处浸渗,11 处滴漏,4 处涌流;内装饰破损、剥落 11 处;衬砌不密实 3 处;洞门破损、露筋 1 处。

②右线隧道:裂缝共 332 条,其中裂缝宽度不小于 0.2 mm 有 331 条,裂缝最大宽度为 1.2 mm;渗漏水共 217 处,其中 206 处浸渗,10 处滴漏,1 处涌流;内装饰破损、剥落 8 处;衬砌脱空 2 处;洞门破损、露筋 2 处。

2.2.2　裂缝整治设计与施工

根据《双碑隧道结构定期检查——检测报告》评定结论:双碑隧道存在轻微破损,现阶段趋于稳定,对交通安全不会有影响,目前双碑隧道整体处于安全状态。根据报告中裂缝检测数据,隧道裂缝宽度为 0.18～1.2 mm,均为结构裂缝,其中小于 0.2 mm 的裂缝共 4 条,左洞 3 条,分别为 2 条环向裂缝和 1 条纵向裂缝,宽度均为 0.18 mm;右洞 1 条,为斜向裂缝,宽度为 0.19 mm。为根治本次缺陷整治中的所有裂缝,拟对所有裂缝均采取低压注浆方式封闭(附图 2.1、附图 2.2)。裂缝位置较高处采用移动脚手架措施。

压力注浆采用斜孔衬砌表面打孔注浆,注入改性环氧树脂胶液进行封闭修补,其施工工艺如下:

①测定裂缝宽度,确定裂缝长度。

②基层处理:将待施工的混凝土表面及周围清洗干净,除去原装饰、泛碱、油漆、表面涂层及其他外来杂物,铲除疏松、空鼓和蜂窝结构,处理范围不小于裂缝两侧 50 mm 宽度,使表面保持干燥。

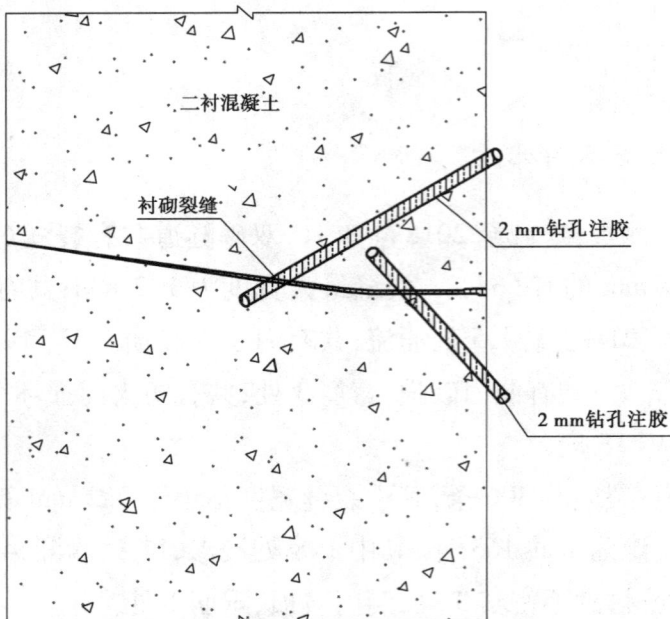

附图2.1　缝宽 $\delta > 0.2$ mm 裂缝压力注浆处理

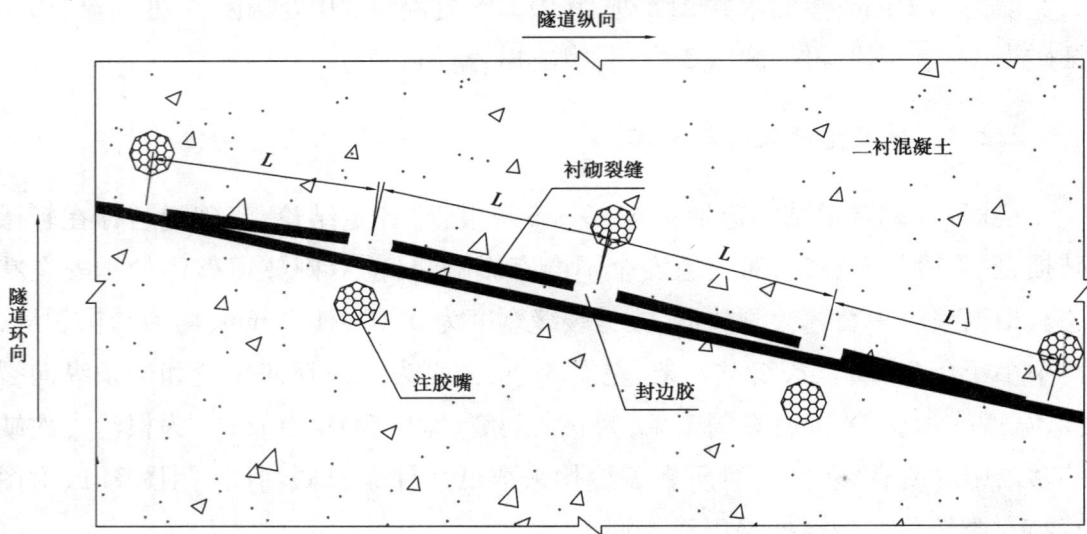

附图2.2　注浆嘴平面布置图

③钻孔:一般采用2 mm 直径钻头钻孔,按间距20~50 cm 布置,钻孔深度需穿透裂缝,钻孔位置尽量设在裂缝较宽、开口较畅通的部位周边,钻孔口贴上胶带,预留。斜向钻孔应穿透裂缝部位,且应注意不要打穿防水板。注浆钻孔间距如附表2.1 所示。

附表 2.1　注浆钻孔间距

序号	裂缝宽度(mm)	钻孔间距(cm)	备注
1	0.2~0.5	20~30	小于 0.2 mm 的参照执行
2	0.5~1.0	30~40	
3	1.0~2.0	40~50	

④封闭裂缝:采用封缝胶沿裂缝表面涂刮封闭裂缝。

⑤安设塑料底座:揭去钻孔上的胶带,用封缝胶将底座粘在钻孔口上。

⑥安设灌浆器:将配好的树脂注入软管中,把装有树脂的灌浆器旋紧在底座上。

⑦灌浆:松开弹簧,确认注入状态。灌浆顺序为由下向上,平面可从一端开始、单孔逐一连续进行。当相邻孔开始出浆后,保持压力 3~5 min,即可停止对本孔灌浆,改注相邻灌浆孔。注浆压力宜控制在 0.2~0.5 MPa。

⑧注入完毕:压浆结束后在 0.2 MPa 的压力下压水检查压浆效果,确认不再进胶后,可拆除灌浆器,用堵头将底座堵死。

⑨拆嘴:灌浆树脂固化后,敲掉底座和堵头,清理表面封缝胶。

⑩封口:用封口胶进行灌浆口的修补、封口处理。

2.2.3　渗漏水整治设计与施工

1)隧道普通段渗漏水处治

隧道普通段渗漏水处治采用钻孔引排水 + 表面封闭治水的方式进行整治。

(1)钻孔引排水

在渗漏水点边墙脚打设 $\phi50$ 泄水孔,孔口设置 $\phi50$UPVC 管顺接,将水引入路侧排水沟;为避免或尽可能减少造成泄水孔淤堵的情况发生,泄水孔采取斜向打设,与水平方向夹角为 $10°~15°$(附图 2.3、附图 2.4)。泄水孔个数根据实际水量大小及现场情况确定。为减少电缆沟侧壁开孔数量,对离得较近的泄水孔,设置 $\phi50$UPVC 管顺接后,采用 Y 形三通接头汇入 $\phi100$UPVC 管引入路侧水沟。

(2)表面封闭治水

先凿除渗水面以外 20 cm 范围的内装饰层,并将衬砌混凝土表面凿毛,清洗基层(附图2.5)。然后涂刷二层水泥基渗透结晶型浓缩剂进行防渗,待凝固后再恢复防火装饰层。刷水泥基渗透结晶型浓缩剂进行防渗,其施工工艺流程为:基面检查与确定→边墙脚钻孔→基面凿除、基面修整与清洗、基面湿润→渗透结晶防水涂料制浆→刷浆→检验、养护→恢复防火装饰层。

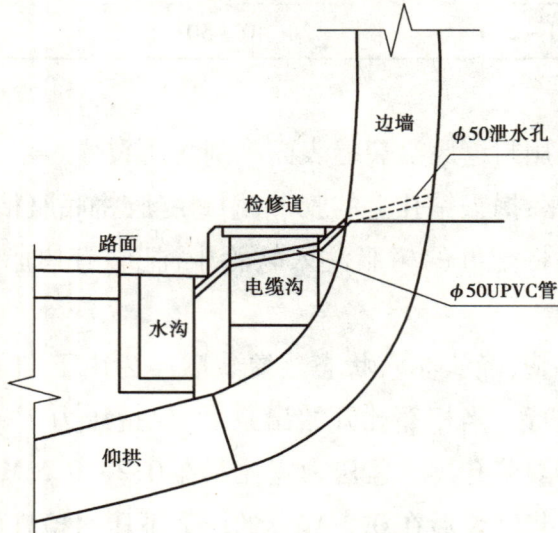

附图2.3 泄水孔排水示意图

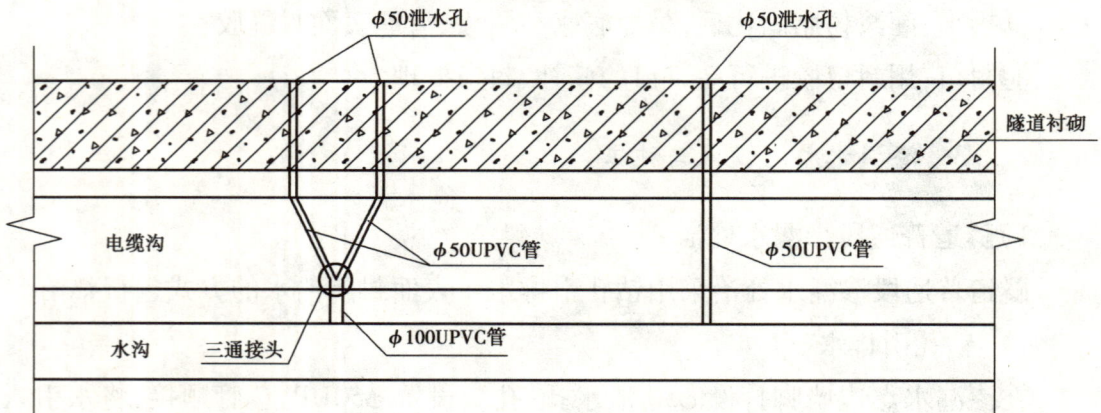

附图2.4 泄水孔引排水平面示意图

2)隧道富水段渗漏水处治

隧道富水段渗漏水处治钻孔引排水 + 面形注浆堵水 + 埋设引水槽引排水的方式进行整治(附图2.6)。

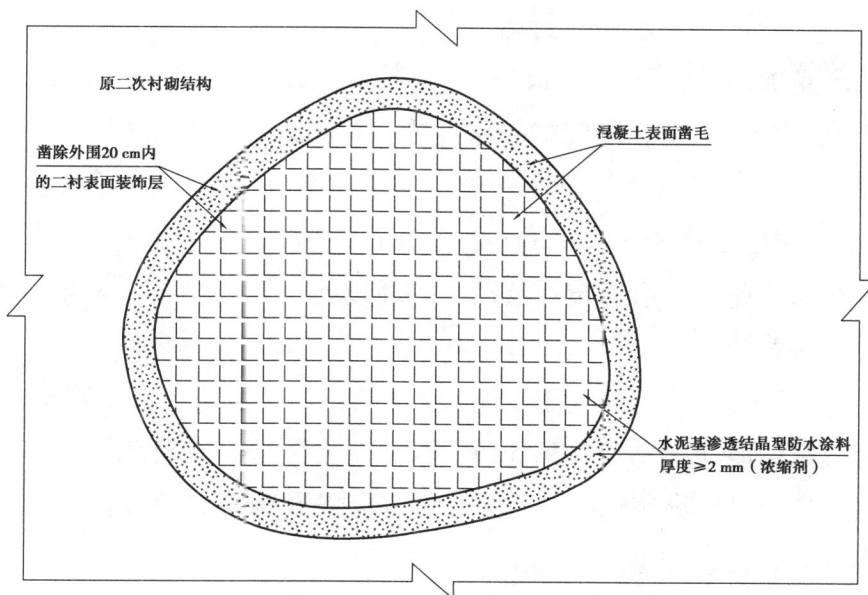

附图2.5　面形浸渗、滴漏水处治示意图

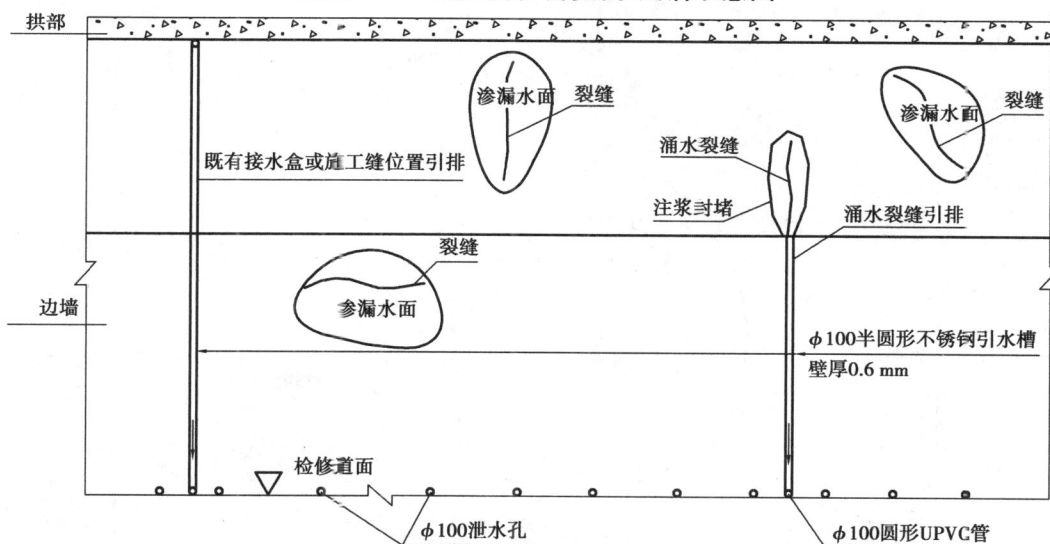

附图2.6　富水段渗漏水处治纵断面图

（1）钻孔引排水

在富水段按5 m间距或渗漏水点位置的边墙脚设置ϕ100泄水孔，孔口设置ϕ100UPVC管顺接，将水引入路侧排水沟。泄水孔个数根据实际水量大小及现场情况确定。为减少电缆沟侧壁开孔数量，对离得较近的泄水孔，设置ϕ100UPVC管顺接后，采用Y形三通接头汇入ϕ100UPVC管引入路侧水沟。

（2）面形浸渗、滴漏水注浆封堵

对面形浸渗、滴漏或边墙3 m以上局部涌流水部位每隔20～50 cm设置ϕ20 mm钻孔，孔深控制在衬砌厚度的一半左右，局部段落可根据现场渗漏水情况加深钻孔，然后采用水性无机堵漏材料进行注浆封堵，再在衬砌表面做聚合物韧性防水层4遍（厚度不小于2.0 mm）（附图2.7）。其施工工艺流程为：基面检查与确定→边墙脚钻孔→渗水面布孔及钻孔→埋设孔口管→灌浆→闭浆→拆除阻塞设备→检验→养护。

以上工作之前必须将混凝土上防火材料清除，并留不小于100 mm工作面。用电动角磨机将混凝土基面打磨干净，不能有油污、粉尘、松散混凝土。做防水前将基面充分湿润。灌浆前，采用高压清洁水将混凝土缝隙冲洗干净。上述工作完成后恢复防火装饰层。

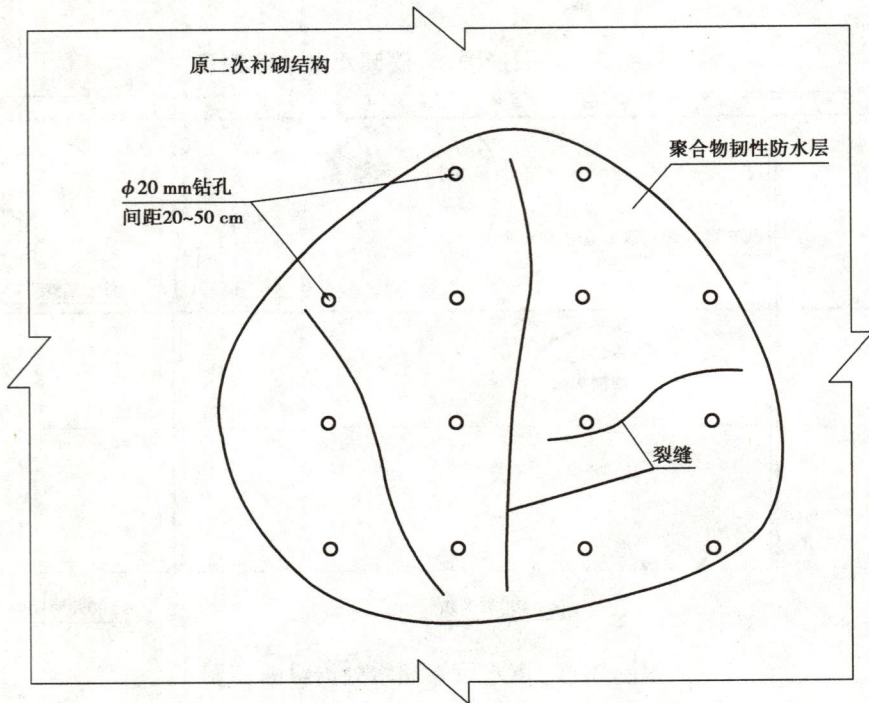

附图2.7　面形浸渗、滴漏或边墙3 m以上局部涌流水注浆示意图

（3）埋设引水槽引排水

在施工缝、水量较大的环向涌水裂缝及3 m以下水量较大的涌水裂缝设置ϕ100半圆形不锈钢引水槽将水引至边墙脚与ϕ100圆形UPVC管顺接，将水引入路侧水沟（附图2.8）。施工时，对水量特别大的个别位置可根据现场实际情况采取加大不锈钢引水槽至 $\phi150$ 或 $\phi200$ 措施。

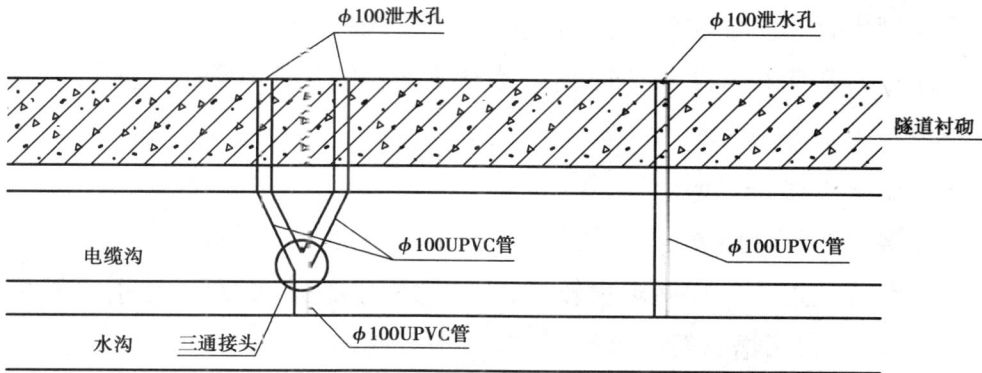

附图2.8　泄水孔引排水平面示意图

　　对于施工缝或水量较大的环向裂缝位置,拱墙拉通设置引水槽;对于边墙存在局部水量较大的裂缝位置,采取对边墙 3 m 以上范围注浆封堵,3 m 以下范围设置引水槽引排水措施(附图2.9)。

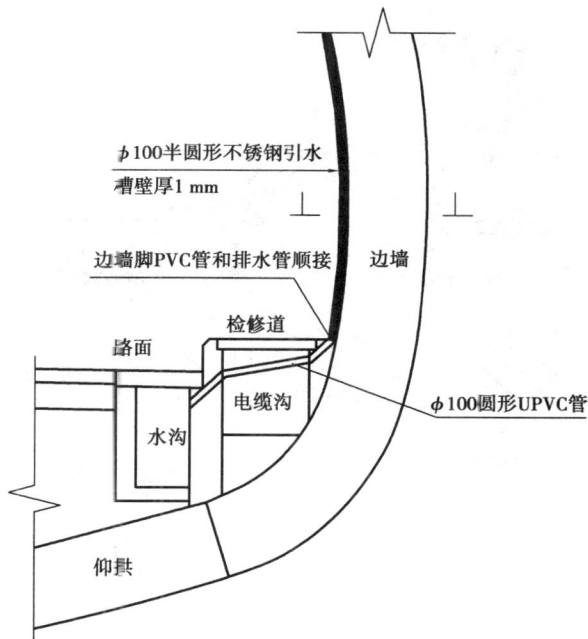

附图2.9　裂缝漏水处治示意图

　　引水槽先用 M8 膨胀螺栓固定(间距 50 cm),再用堵漏剂将边缝封堵不漏水,最后外做聚合物柔性防水层(二布七涂,布采用聚酯纤维布)(附图2.10)。二布七涂的具体工艺如下:

①基层处理。

②涂刷聚合物防水涂料一层,防水层干燥后进行下一道施工工序。

③涂刷防水涂料一层随即铺黏聚酯纤维布,再涂刷一层防水涂料干燥后进行下一道施工工序。

④涂刷防水涂料二遍。

⑤涂聚合物韧性防水层二遍。

由于双碑隧道雨季渗漏水量较大,为增大引水槽过水面积,将引水槽位置二衬凿出3 cm的弧形槽,表面涂刷一层聚合物柔性防水层。

不锈钢引水槽上封口和中间部位设置检查维修口,平时用聚合物柔性防水涂料封闭。

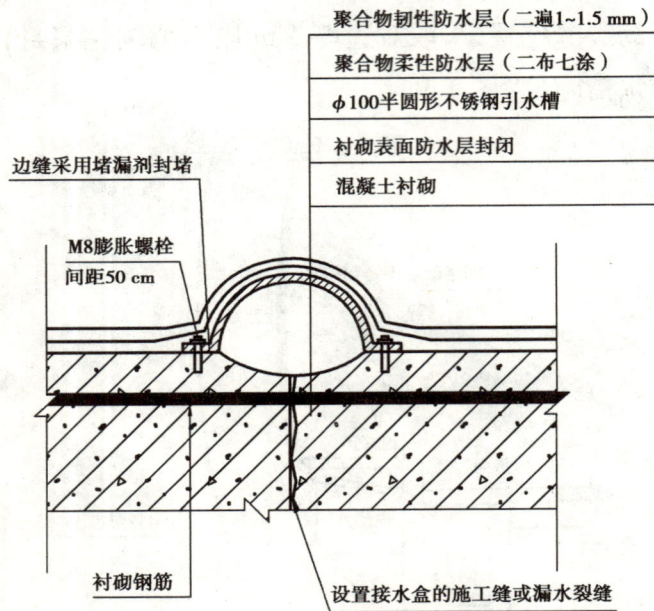

附图2.10 涌流水处治示意图

附录 3 重庆市南城隧道病害整治

3.1 隧道现状

南城隧道经过多年的运营后,已完成 2019 年度定期检查,隧道衬砌总体安全技术状况良好,未见衬砌掉块、严重渗漏水等现象;隧道衬砌存在环向、斜向、纵向裂缝、衬砌渗漏水等,但数量较少,不易导致衬砌掉块等大、超宽裂缝;其他结构部位(如路面、内装饰、检修道、排水系统等)存在局部混凝土破损、开裂、箅子阻塞现象;隧道衬砌上述结构部位病害现阶段趋于稳定,对交通安全不会有影响。

经检查,左幅衬砌共存在 13 条环向裂缝,总长 25.2 m,宽为 0.20～2.0 mm;1 条斜向裂缝,长 4.0 m,宽为 0.68 mm;37 条纵向裂缝,总长 130.9 m,宽为 0.23～1.32 mm。右幅衬砌共存在 7 条环向裂缝,总长 20.4 m,宽为 0.20～2.0 mm;6 条斜向裂缝,总长 10.4 m,宽为 1.0～1.6 mm;29 条纵向裂缝,总长 120.3 m,宽为 0.20～1.3 mm;3 处网状裂缝,总面积为 36.5 m²。

根据《公路隧道养护技术规范》(JTG H12—2015)第 4.5.6 条的规定:二类隧道或存在技术状况值为 1 的分项时,应按需进行保养维修。根据相关规定,本次设计对衬砌渗漏水进行封堵、引排整治,对衬砌裂缝进行封闭或注胶加固整治。现场调研照片如附图 3.1 所示。

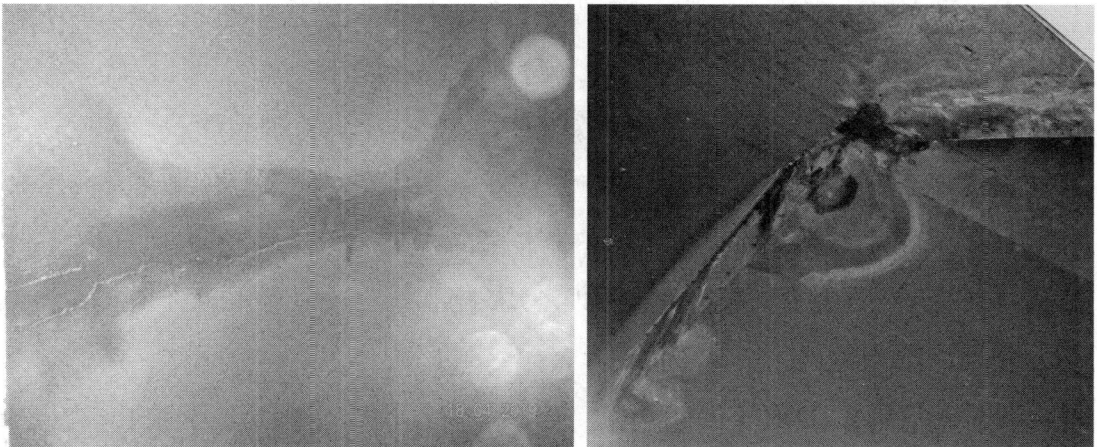

附图 3.1 衬砌裂缝及渗水

经检查,左幅洞内衬砌存在 1 处破损,面积为 0.09 m²;左幅洞内衬砌共存在 4 处渗水泛碱,总面积为 8.0 m²;右幅洞内衬砌共存在 4 处渗水泛碱,总面积为 5.7 m²(附图 3.2)。

附图 3.2　衬砌渗水泛碱

3.2　病害原因分析

南城隧道围岩岩性多为中-厚层状,局部呈中-薄层状,节理不发育,层间结合较好,岩体较完整为大块状砌体结构。地下水不丰富,以滴水状态为主,局部呈股状。隧道经历近 12 年的运营,洞身衬砌混凝土出现多处开裂和渗水,其中以纵向裂缝为主。分析裂缝开裂主要原因如下:

①衬砌混凝土劣化。隧道衬砌混凝土是一种各向异性的材料,施工时通常未进行有效、规范的养护作业,再加上施工时的工艺和技术水平限制,经过一定的使用年限后,各种原因导致衬砌混凝土发生劣化,出现衬砌裂缝。

②基础不够密实牢固。隧道在施工过程中,由于各种原因,如施工质量或围岩强度等导致衬砌及路面基础不够密实牢固,在运营过程中由于结构自重、车辆荷载及围岩压力的作用,基础可能出现不均匀沉降,导致衬砌出现开裂。在该影响因素下,衬砌结构易出现环向裂缝。

③衬砌结构存在受力不良部位。人行、车行横洞与主洞交叉部位,或边墙与仰拱连接部位,由于开挖断面较大,线条过渡不够顺滑,存在应力集中现象,易导致该部位衬砌开裂。

隧道出现渗漏水病害的主要原因为：

①防排水系统未充分发挥作用。排水系统可能存在堵塞现象，原设计橡胶防水板及止水带历经近12年的使用后，可能存在老化破损现象，导致地下水通过防水板存在缝隙的部位进入二次衬砌背后，在防水薄弱部位渗出。

②施工缝部位存在防水施工质量问题，防水效具不佳，围岩地下水沿施工缝渗出。

③衬砌存在贯通裂缝。地下水进入防水板和二次衬砌间之后，通过衬砌上的贯通裂缝渗出。

3.3　裂缝整治

对于裂缝宽度小于0.3 mm的裂缝，采用在衬砌混凝土表面沿裂缝方向涂刷环氧修补树脂的方法进行处治；对裂缝宽度不小于0.3 mm的裂缝，采用压注环氧树脂灌缝胶的方法进行处治。现场施工时，采用斜孔注浆封闭的方法处治衬砌裂缝。

斜向打孔注浆封闭方法施工工艺如下：

①测定裂缝宽度，确定裂缝长度。

②基层处理：清除裂缝周围约10 cm范围内的灰尘、油污。用钢丝刷及压缩空气将混凝土碎屑粉尘清除干净。

③对于宽度不小于0.3 mm的裂缝，首先应沿裂缝方向凿成宽5 cm、深5 cm的V形槽，在槽内骑缝每隔50~80 cm钻直径2 mm孔，孔深为衬砌厚的1/2或2/3，一般不少于15 cm，且不得穿透混凝土结构以防跑浆。用清水清洗干净槽内杂物及粉尘，在孔内插入压浆管，利用环氧树脂水泥浆锚固，用灰刀将砂浆压实抹平。待环氧树脂砂浆初凝后（初凝时间为0.5~4 h），以0.15~0.2 MPa压力压入环氧树脂浆液。压浆结束后在0.2 MPa的压力下压水检查压浆效果，裂缝表面用界面剂及碳纤维加固层进行处理。界面剂技术参数如附表3.1所示。

附表 3.1 界面剂技术参数

检验项目		检验结果	技术指标
剪切黏结强度（MPa）	7 d	1.3	≥1.0
	14 d	1.8	≥1.5
拉伸黏结强度（MPa）	未处理 7 d	0.7	≥0.4
	未处理 14 d	1.0	≥0.6
	浸水处理	0.7	≥0.5
	热处理	0.8	≥0.5
	冻融循环处理	0.7	≥0.5

注：修补裂缝的胶液和注浆料的安全性能指标，应符合国家标准《工程结构加固材料安全性鉴定技术规范》（GB 50728—2011）中表 5.2.1 的规定。

3.4 渗漏水处治设计与施工

（1）一般渗漏水处治

采用在渗漏水部位凿槽充填快速堵漏剂和聚合物防水砂浆的方法进行处治，凿槽宽度和深度均为 5 cm，砂浆与混凝土交界面应涂刷界面胶。

快速堵漏剂施工工艺如下：

①测定裂缝长度和宽度。

②基面处理：在渗水缝周围凿出 5 cm 深、5 cm 宽的槽，清理杂物。

③将快速堵漏剂放入搅拌锅内，加入一定比例的水，迅速拌和成泥膏状，冬季温度低于 5 ℃时，要用 40 ℃水搅拌。

④把拌好的堵漏剂胶泥放在手上，感到胶泥稍微发热时，迅速顺漏水方向压下，持续一定时间（约 15 min）即可松开。

⑤堵水后再用聚合物防水砂浆抹面，表面养护 3 天即可。快速堵漏剂厚 1 cm，聚合物防水砂浆厚 4 cm。

（2）变形缝渗漏水处治

施工工序如下：

①在渗漏水施工缝部位整环凿槽。若凿槽内有明显渗水，则应先在渗水部

位贴无纺布(用水泥钉固定)引流渗漏水,埋管后充填砂浆封闭凿槽。

②在凿槽内埋设半剖 φ110 聚乙烯 HDPE 管排水,采用 M6 膨胀螺栓和 19 号铁丝固定排水管,铁丝环向间距为 50 cm。安装时,应注意按照先拱部、后两侧的顺序进行。接茬部位是下节压上节,接茬长度不小于 15 cm。在两侧壁原二衬混凝土与水泥砂浆交界处涂刷界面胶。安装好 HDPE 管后,从左右侧电缆沟盖板以上 2 cm 位置开始填充,充填范围为整个拱部。充填完毕后,抹至与衬砌混凝土表面齐平。

③根据现场踏勘,引流水通过盖板开槽引入现状水沟中排出。

3.5　人行检修道破损处治

隧道人行检修道盖板局部存在变形、破损情况,对于破损不严重的盖板,可使用混凝土修复处理;对于破损较严重的盖板,应对现状破损盖板进行替换处理,做法及配筋详见图纸。

拆除全隧道路缘石,采用 C30 钢筋混凝土支模现浇至检修道高度后,在检修道侧墙端面及其他障碍物立面上设置立面标记。标记为黄黑相间的竖向线条,采用黑黄反光油漆,如附图 3.3 所示。

附图 3.3　检修道立面涂装

附录 4　隧道日常巡查记录表（主体结构）

检查部门			检查日期		检查情况	备注
作业人员		区间名称（上下行）				
线路名称		起止里程				
检查项目	检查内容					
模筑混凝土衬砌/管片衬砌	是否出现裂缝					
	是否出现剥落剥离、局部掉块现象					
	是否出现压溃、起鼓现象					
	是否出现错台现象					
	是否出现酥松、起毛、蜂窝麻面现象					
	是否出现钢筋外露、腐蚀现象					
	是否出现渗漏水现象					
螺栓孔、注浆孔（吊装孔）	螺栓孔、注浆孔（吊装孔）填塞物是否脱落					
	螺栓孔、注浆孔（吊装孔）是否渗漏水					
	螺栓孔处螺栓、垫片腐蚀					
	螺栓防尘罩松动或遗失					
施工缝、变形缝、管片接缝	施工缝、变形缝中是否有杂物					
	填塞物有无脱落					
	是否出现压溃、错台等现象					
	施工缝、变形缝止水带是否外露					
	有无渗漏水现象					

洞口、洞门	洞口上方仰坡有无危岩、落石，是否存在覆土滑落隐患	
	洞口边沟、天沟有无淤塞、开裂、沉降	
	洞口、洞门构造物有无开裂、倾斜、沉降现象	
	洞门结构有无错台现象	
	洞门结构是否出现起层、剥落剥离现象	
中隔墙	墙体混凝土是否出现起鼓、剥离掉块、露筋等现象	
	墙体结构是否出现裂缝	
	中隔墙顶部角钢是否出现锈蚀、变形	
	中隔墙顶部角钢螺栓是否松动、缺失	

填表说明：

1. 本表应当场及时填写，无病害时填写无异常；

2. 详细记录和描述病害，包括病害种类、数量、部位、程度、位置（里程或墩号）；

3. 对巡查过程中发现的严重病害，或需进行专项检查的病害，应在备注中说明；

4. 本表填写后及时整理归档。

检查人员：　　　　　　　他检人员：　　　　　　　验收人员：

附录 5 隧道日常巡查记录表（附属结构及设施）

检查部门			
作业人员	区间名称（上下行）		
线路名称	起止里程		
检查日期			
检查项目	检查内容	检查情况	备注
联络通道、区间风道	联络通道、迂回风道、区间风道、活塞风道等是否出现裂缝、渗漏水等现象		
排水设施	排水设施结构是否完好，是否出现破损，有无渗漏水		
	排水设施有无淤积，排水是否畅通		
	泵房进水口、截水沟、排水沟（管）、集水井是否淤积堵塞、沉砂、滞水		
	接水盒是否锈蚀、破损，连接处是否牢固，螺栓、铆钉是否松动、锈蚀，断裂、脱落、缺失，两侧封胶是否脱落、破损		
防火门	门框是否松动，门体开闭是否正常、灵活，门体是否变形、翘曲或破损		
	铰链、拉手顺位器、闭门器、天地轴、防脱链、锁具等五金构件是否松动、失效		
	表面涂层是否脱落、锈蚀		

	门框、门体是否锈蚀
	门框胶条是否老化、破损、脱落
	大门门体限位底座是否破损,限位挡板是否失效,挡板螺栓是否松动、缺失
	大门门体限位插销是否有故障
	门体安全拉杆(拉链)是否缺失,拉杆(拉链)是否处于连接状态,拉杆(拉链)与墙体及门体的连接螺栓是否松动或脱焊,拉杆(拉链)是否锈蚀或破损
人防门	小门门体限位挡板螺栓是否缺失,限位挡板是否失效
	小门门体顶针是否缺失或脱落,开口销是否缺失或失效,是否插入小门门体下方固定支架
	活门槛挂钩是否松动,连接处是否存在裂纹;活门槛机械杆是否断裂,连接处是否脱焊,螺栓是否松动、缺失,止退装置是否失效
	铰页螺栓是否松动、缺失
	锁箱、摇柄盖板是否破损、缺失,挂锁是否失效
	人防门自编号标志是否清晰、完好

续表

检查项目	检查内容	检查情况	备注
路面	路面是否浸湿、裂缝、落物等		
	路面是否沉陷、隆起、表面剥落、露骨、破损、积水等		
	路面板是否错台、断裂、出现漫水等		
	护栏是否变形（螺栓松动、扭曲、金属表面锈蚀等）、损坏、倒伏		
检修道	路缘石是否损坏开裂		
	检修道面板是否缺角、缺损		
其他	吊顶是否破损、开裂、滴水、吊杆等预埋件是否锈蚀		
	内饰是否变形、破损、脱落		
	交通标志及标线是否存在污迹、不完整、缺失等		

填表说明：

1. 本表应当及时填写，无病害时填写无异常；

2. 详细记录和描述病害，包括病害种类、数量、部位、程度、位置（里程或墩号）；

3. 对巡查过程中发现的严重病害，或需进行专项检查的病害，应在备注中说明；

4. 本表填写后及时整理归档。

检查人员：   他检人员：   验收人员：